HELLE BENEDIKTE NEIGAARD

tücher stricken

Für Küche und Bad

Librero

Die Originalausgabe erschien 2016 unter dem Titel: *Strikkede klude*

www.librero-ibp.com

Fotos: David Bering, Montgomery
Layout: Anja Søe Jensen

Produktion der deutschsprachigen Ausgabe:
Tanja Timmerman vertaling & redactie
Übersetzung: Barbara Arndt
Satz: Elixyz Desk Top Publishing

Printed in China

ISBN: 978-90-8998-923-9

FSC www.fsc.org
MIX
Papier | Fördert gute Waldnutzung
FSC® C016973

Warum Putzlappen stricken?

Zunächst einmal ist Stricken gemütlich und entspannend – es schafft Abstand zu deinem geschäftigen Alltag, du kannst den meditativen Effekt der rhythmischen Bewegung von Garn und Nadeln genießen und gleichzeitig erlebst du das befriedigende Gefühl, etwas selbst zu machen.

Und außerdem hilfst du auch noch der Umwelt, denn deine gestrickten Lappen enthalten keinerlei Mikro-Plastik! Wenn du deine Lappen selbst strickst, kannst du dir zudem die Farben aussuchen – und zum Glück gibt es eine große Auswahl an Baumwollgarnen. Ob dein Lappen nun also zum Geschirrtuch, zu deiner Spülbürste, deiner Kaffeemaschine oder was auch immer passen soll: Du findest bestimmt die passende Farbe.

Lappen sind zudem eine gute Gelegenheit, Reste aus deiner Wollkiste zu verbrauchen, denn fast alle Lappen sehen gestreift richtig gut aus. Stelle deine Lieblingsfarben zusammen. Wir verbrauchen in diesem Buch etwa 132 m Garn pro Lappen – so füllen sich auf der anderen Seite auch deine Vorräte wieder, mit jedem Lappen, den du strickst. Natürlich kannst du die Lappen selbst benutzen, sie eignen sich aber auch sehr als Gastgeschenke oder kleine Erinnerung – wer bekommt nicht gerne handgestrickte Lappen geschenkt?

In diesem Buch findest du 13 verschiedene Muster für Lappen, für jeden etwas, von der Anfängerin bis zur erfahrenen Strickerin: von einfach kraus gestrickten Lappen bis zu Lappen mit geometrischen Mustern und Zöpfen. Manche Muster werden mit Strickschriften vorgestellt und alle nötigen Techniken werden im ersten Teil des Buches erklärt.

Wenn du Werke auf Instagram teilst, tagge das Foto doch bitte mit #quartoknows #quartocreates #dishcloths #knitting #cosy.

Fröhliches Stricken!

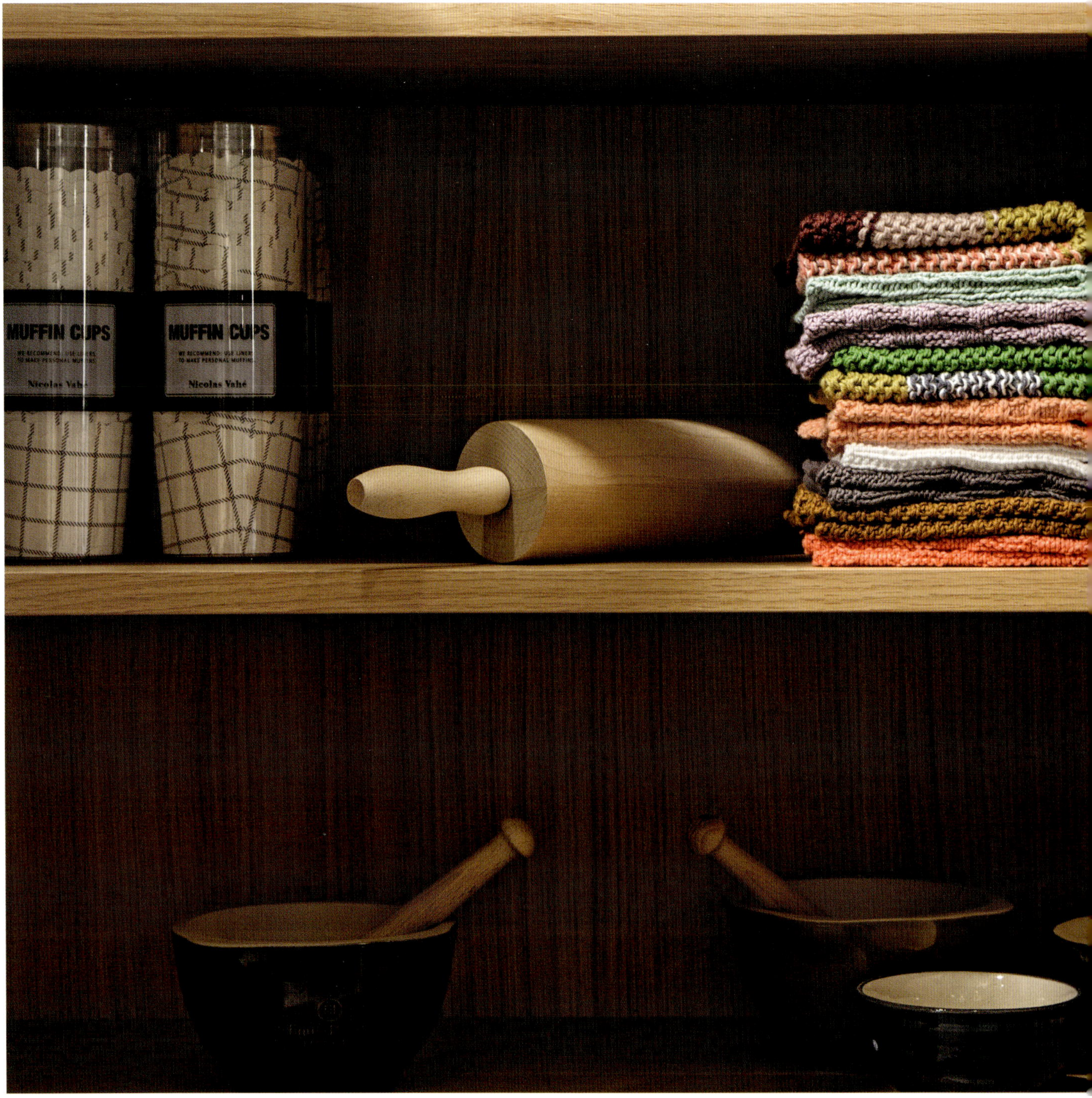
MUFFIN CUPS
Nicolas Vahé
MUFFIN CUPS
Nicolas Vahé

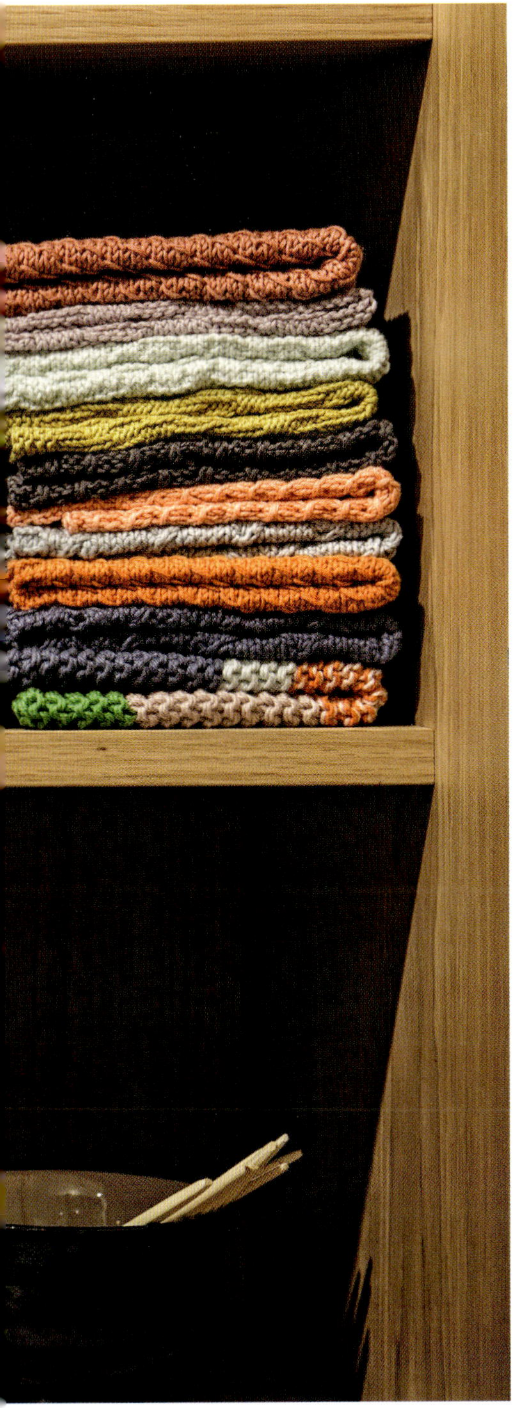

Inhalt

Material

GARN: Am schönsten werden die Lappen, wenn sie aus 100 % Baumwolle gestrickt werden.

In diesem Buch arbeiten wir mit drei verschiedenen Garnen:

Scheepjes Cotton 8 (170 m) 50g,
SMC/Schachenmayr Catania Fino (165 m) 50g,
Lana Grossa Aria 1 (165 m) 50g.
Diese Garne sind in vielen verschiedenen Farben erhältlich.

NADELN: Die Lappen werden mit 3-mm-Nadeln gestrickt oder mit der passenden Stärke, die die Maschenprobe erfordert.

MASCHENPROBE: 26–27 M glatt rechts ergeben 10 cm.

GRÖSSE: Die Lappen in diesem Buch sind alle quadratisch mit einer Kantenlänge von ungefähr 25 cm.

Falls dein Lappen nicht quadratisch sein soll, strick einfach weiter, bis er die gewünschte Länge hat.

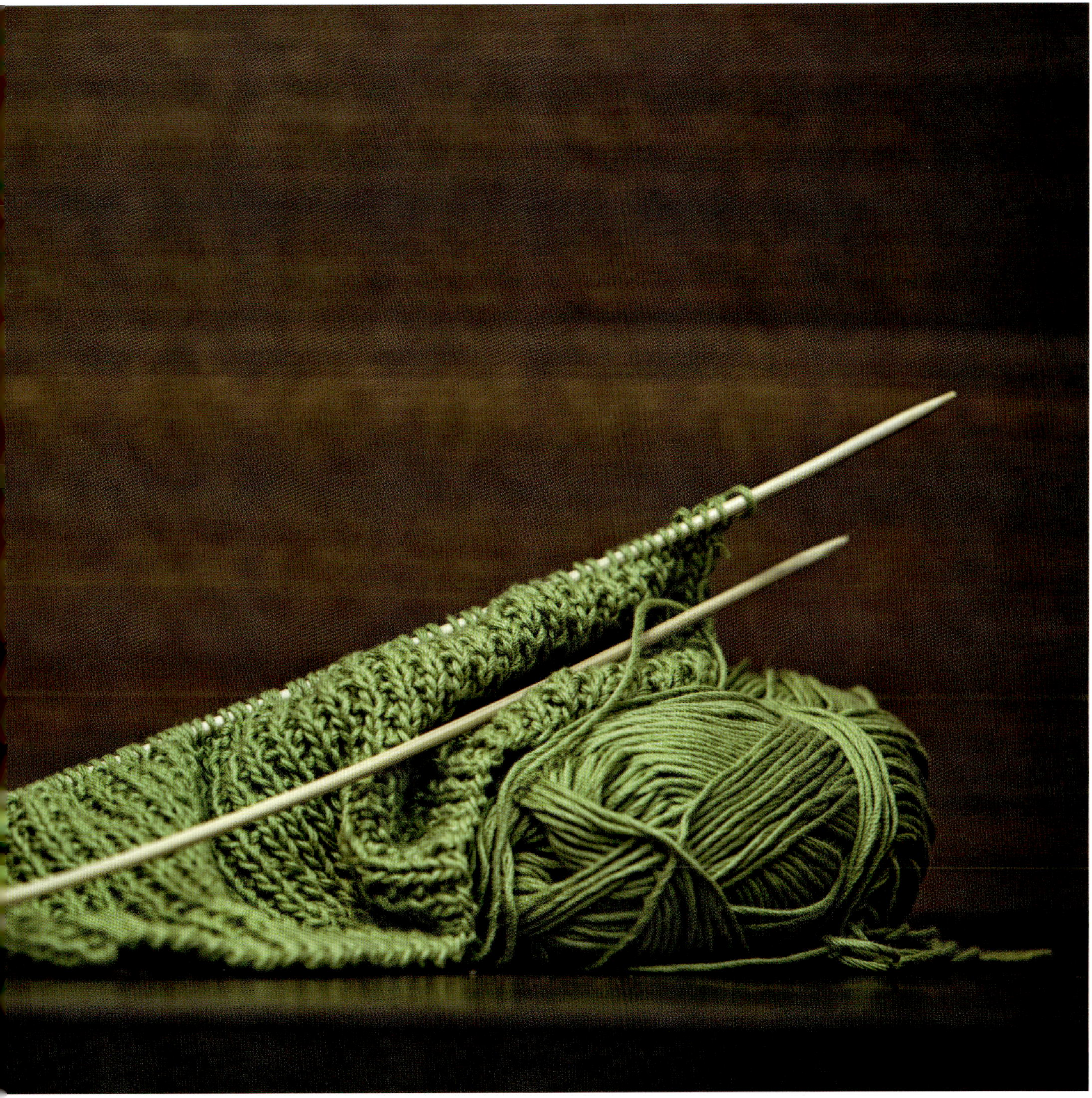

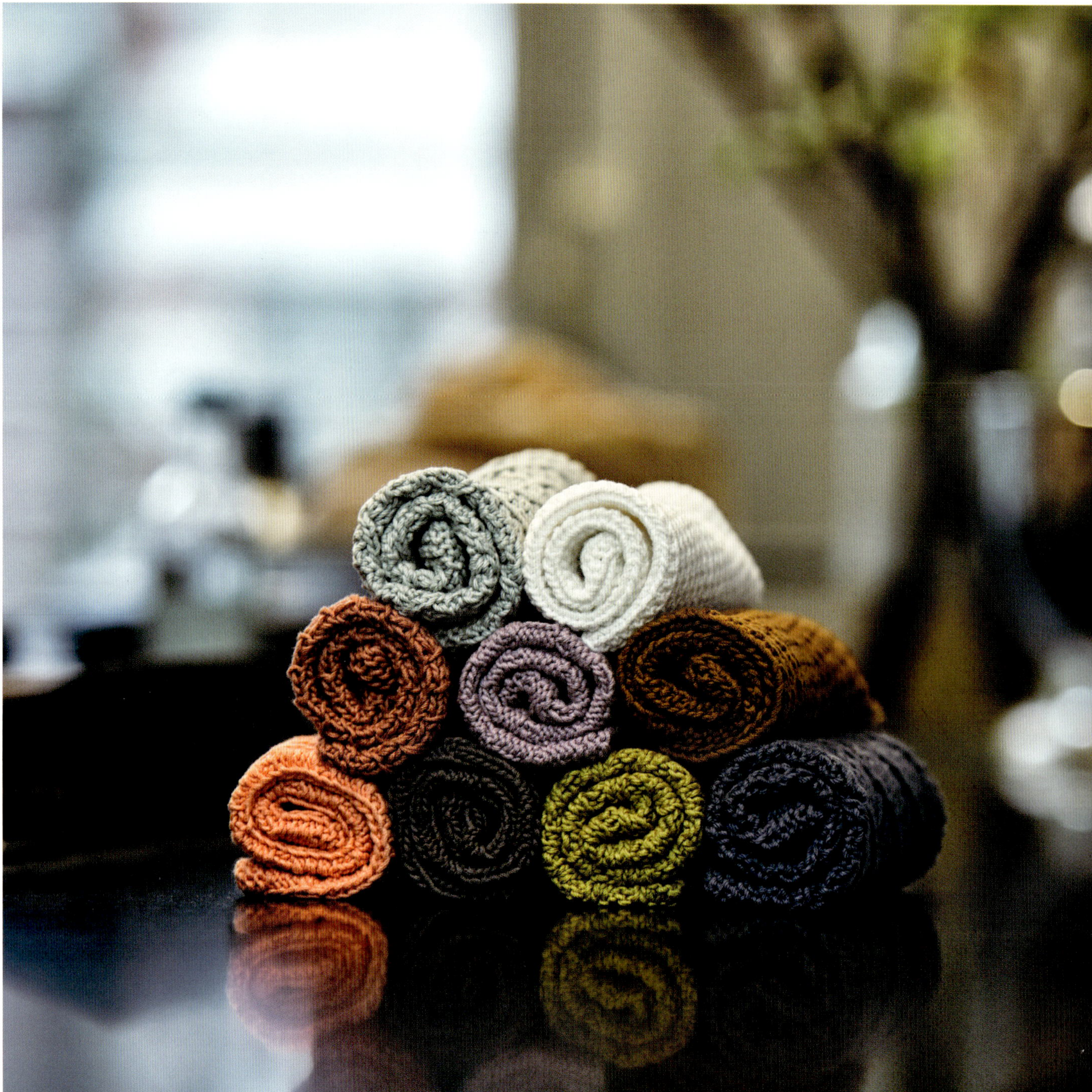

Küchenhandtücher

Die Muster lassen sich ganz leicht abwandeln, wenn du ein Küchenhandtuch stricken willst, das zu deinem neuen Lappen passt.

Du kannst das Handtuch natürlich genau in der Größe stricken, die du dir wünschst, ich habe aber für jedes Muster angegeben, wie viele Maschen du für ein Küchenhandtuch mit einer Breite von ungefähr 35 cm aufnehmen musst. Ich würde eine Länge von etwa 45 cm vorschlagen, aber das bleibt natürlich dir überlassen.

Wenn du die letzte Masche abgekettet hast, schneide den Faden ab. Lass aber ein Ende von etwa 30 cm hängen. Dann kannst du eine Luftmaschenkette häkeln und am Handtuch festnähen. Das ergibt eine schöne Schlaufe, um das Handtuch aufzuhängen.

Muster und Kanten

Jede Musterbeschreibung beginnt mit den Angaben der Maschenzahl für einen etwa 25 cm breiten Lappen. Für die, die ein größeres Tuch stricken wollen, habe ich auch den Rapport für zusätzliche Maschen angegeben – damit es einfach ist, ein größeres Tuch zu errechnen.

Viele der Tücher haben eine kraus rechts gestrickte Kante – mit anderen Worten: Das Tuch beginnt und endet also mit ein paar Reihen kraus rechts und in jeder Reihe mit ein paar rechten Maschen. Mir gefallen schmale Ränder besser, aber wenn du einen breiteren Rand möchtest, kannst du ein paar Reihen oben und unten und ein paar rechte Maschen in jeder Reihe hinzufügen.

Randmaschen sind sowohl in den Beschreibungen als auch in den Strickschriften miteinberechnet.

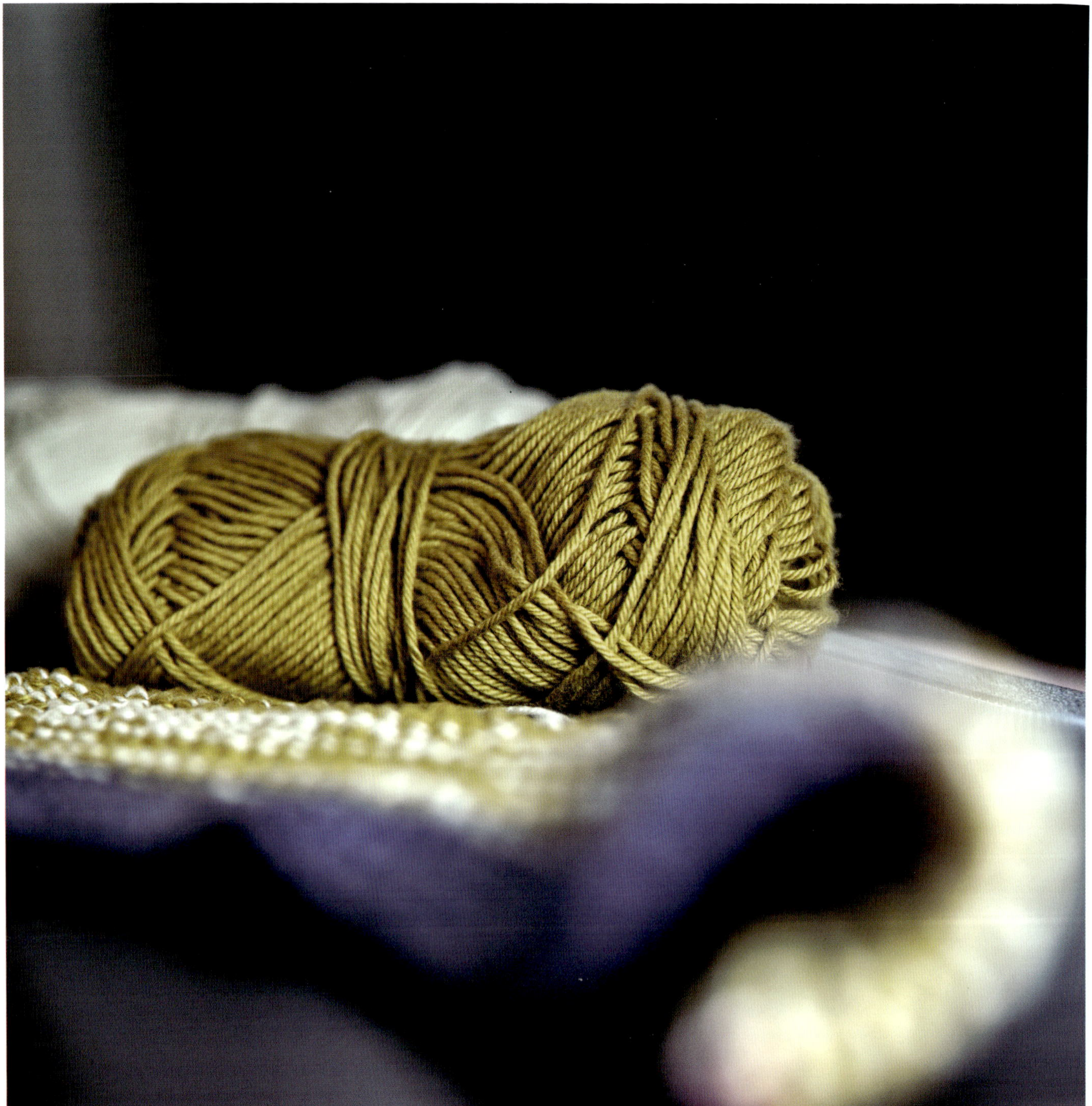

Maschenprobe

Die Maschenprobe ist die Anzahl der Maschen auf 10 cm. Du strickst einfach eine Probe von 10 mal 10 cm, misst diese mit einem Maßband aus und siehst so, wie viele Maschen du auf 10 cm brauchst. Die meisten Muster enthalten die Maschenprobe, die dem Muster zugrunde lag.

Die Maschenprobe kann von Person zu Person ziemlich unterschiedlich ausfallen, selbst wenn beide das gleiche Garn und die gleichen Nadeln benutzen. Deshalb ist es eine gute Idee, eine Maschenprobe zu stricken und auszuwerten. Gerade wenn du Kleidung strickst, bei der es auf das fertige Maß ankommt. Wenn du Lappen strickst, ist es dir vielleicht nicht ganz so wichtig, das Maß von 25 x 25 cm genau zu treffen. Du könntest die Maschenprobe also auch weglassen.

Wenn deine Maschenprobe ergibt, dass du zu viele Maschen auf 10 cm brauchst, könnte es klug sein, eine Nadelstärke höher zu nehmen. Das passiert, wenn du zu stramm strickst.

Wenn du jedoch zu wenige Maschen auf 10 cm hast, liegt es womöglich daran, dass du zu locker strickst und du könntest dann eine Nadelstärke kleiner nehmen.

Wenn du Anfänger bist, findest du auf den folgenden Seiten Erklärungen zu den Grundtechniken, die für die Muster gebraucht werden.

Auch online findest du viel Hilfe. Es gibt z. B. auf YouTube reichlich Strick-Videos, in denen du dir ansehen kannst, wie die verschiedenen Maschen gestrickt werden.

Die Muster hier haben 1, 2 oder 3 Sterne, je nach Schwierigkeitsgrad.

*****	**Rechte und linke Maschen gehen dir gut von der Nadel.**
******	**Du möchtest rechte und linke Maschen gern in etwas anspruchsvolleren Kombinationen verwenden.**
*******	**Du möchtest gern mehr als linke und rechte Maschen stricken und dich an ein paar fortgeschrittenere Techniken wie Zöpfe und Hebemaschen wagen.**

Strickschule

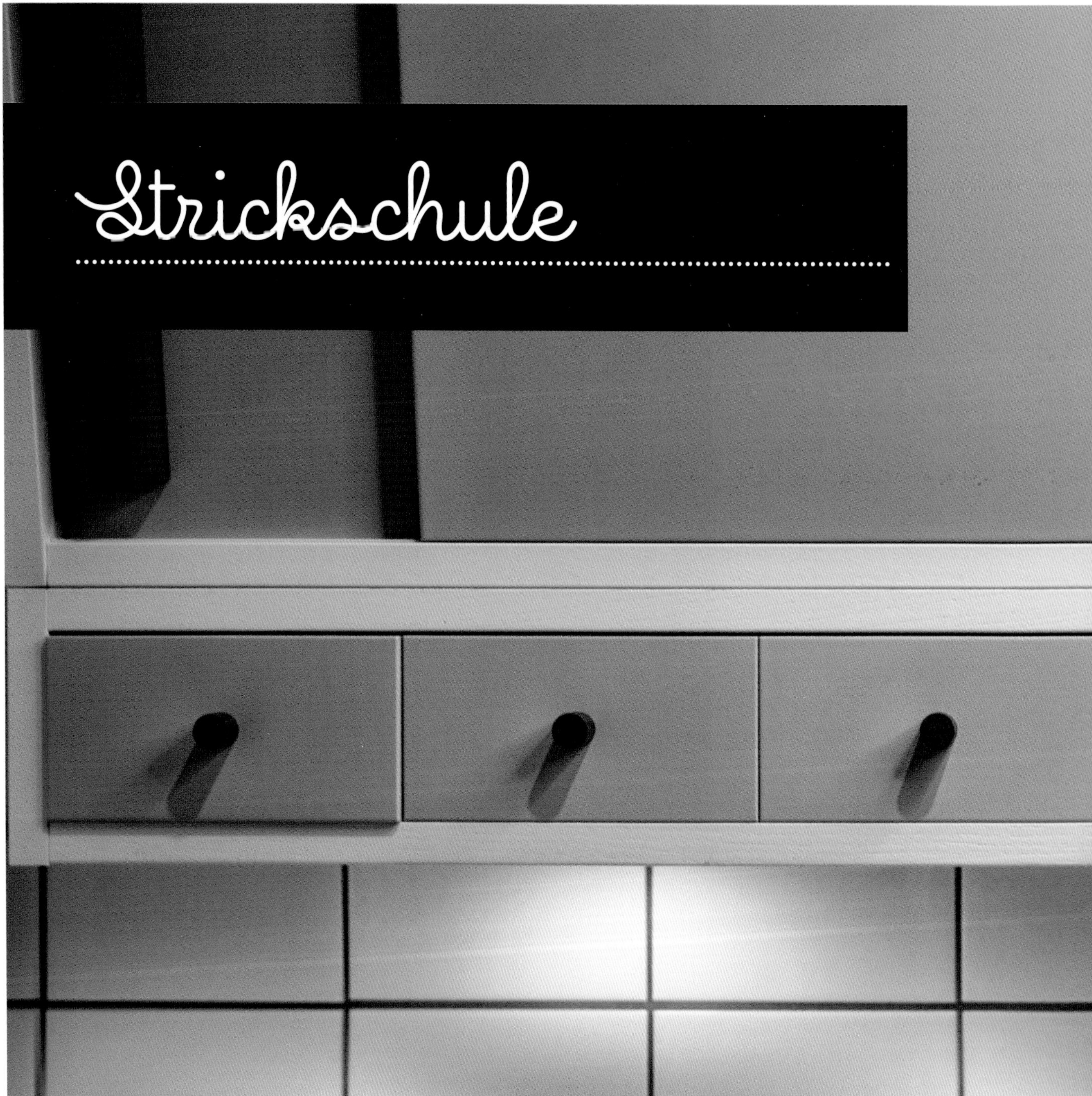

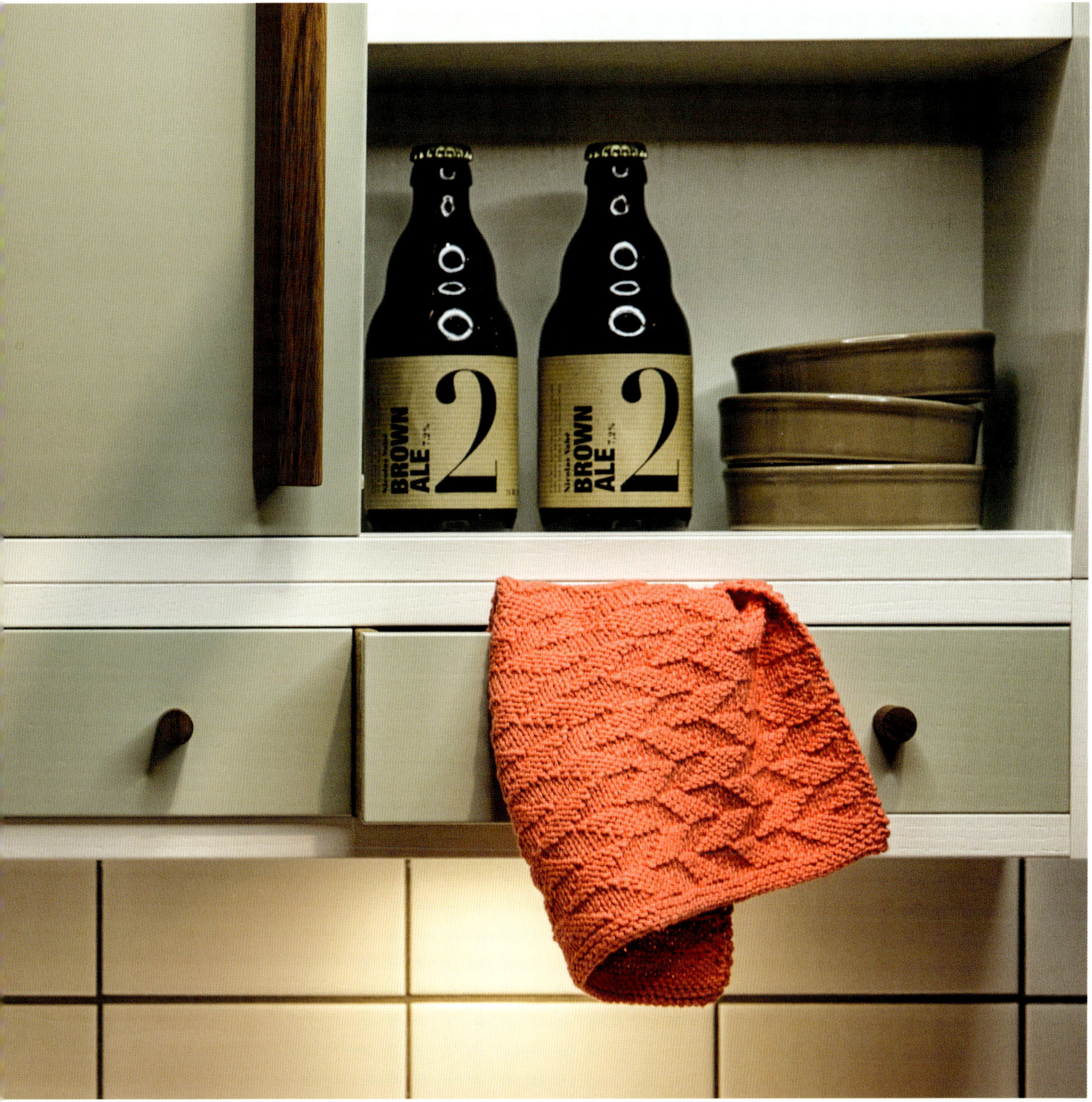
BROWN
ALE
2
BROWN
ALE
2

Maschenanschlag

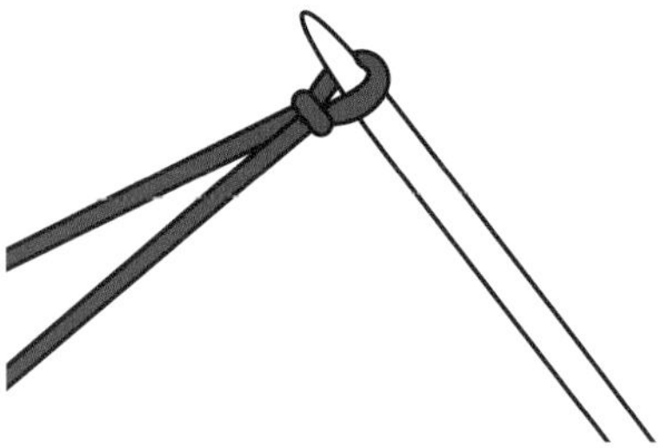

1. Nimm eine Schlaufe auf die rechte Nadel und lass einen langen Faden hängen. Dieser Faden sollte etwa dreimal so lang sein wie der Putzlappen breit, also etwa 75 cm.

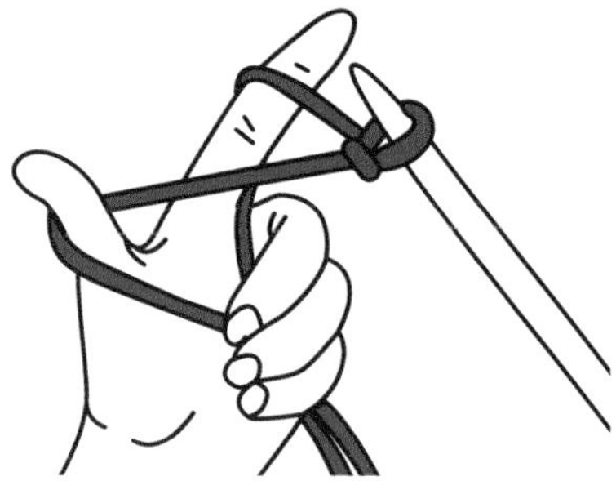

2. Lege das Garn in Schlaufen um deinen linken Daumen und Zeigefinger.

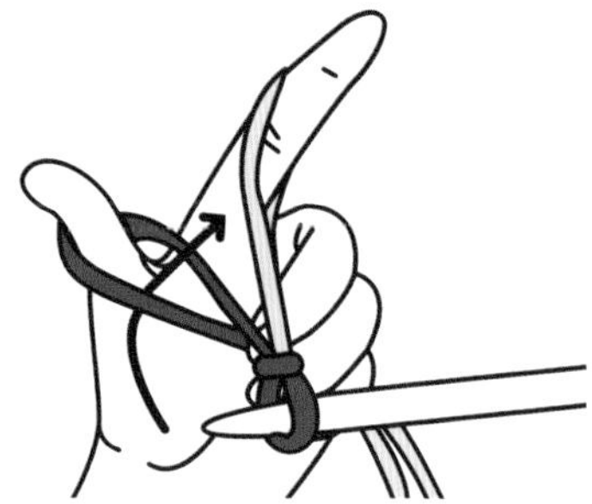

3. Mit den anderen Fingern hältst du das Garn gespannt. Hebe den Ballen etwas an und bilde mit dem Garn ein V. *Bewege die Nadel durch die Daumenschlaufe.

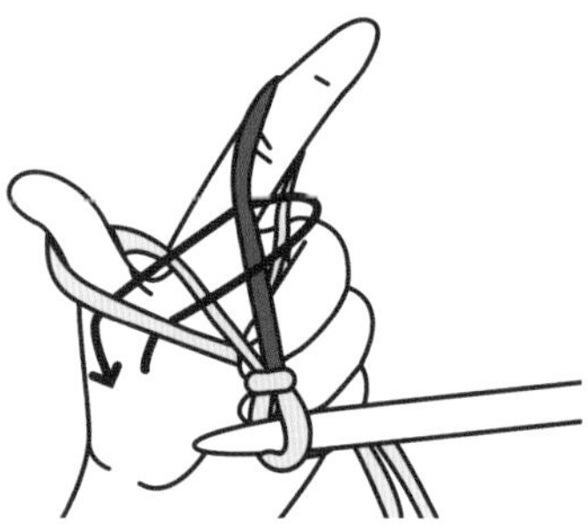

4. Hebe die Nadel über den vorderen Teil der Schlaufe auf deinem Zeigefinger und zieh den Faden durch die Daumenschlaufe.

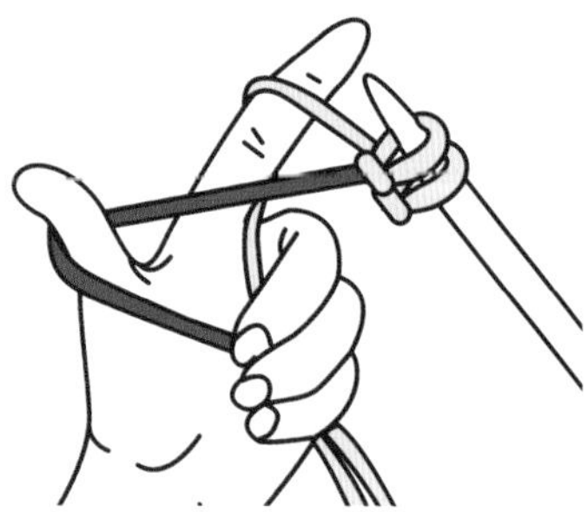

5. Lass die Daumenschlaufe locker und bring den Daumen wieder in die V-Position, das Garn um den Daumen gewickelt.

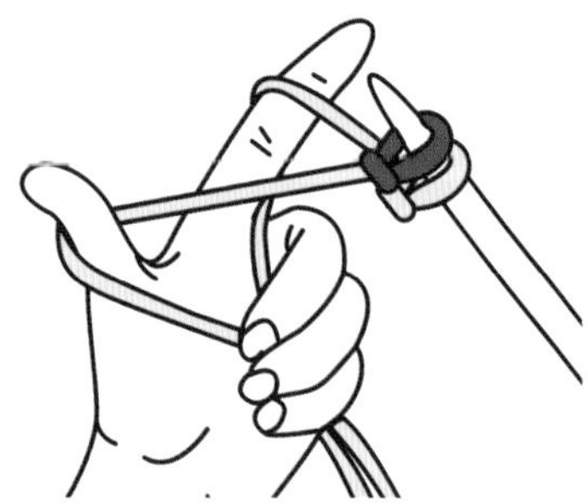

6. Zieh dann die Masche auf der Nadel fest. Wiederhole ab *, bis du die gewünschte Maschenzahl auf der Nadel hast.

Rechte Maschen • re

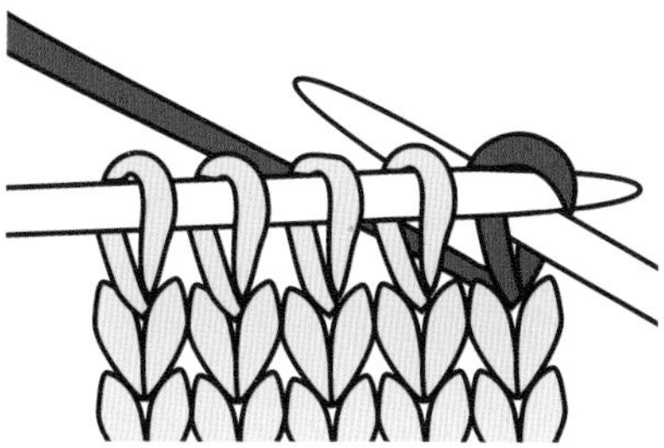

1. Stich die rechte Nadel von vorn (von links nach rechts) in den vorderen Teil der ersten Masche auf der linken Nadel.

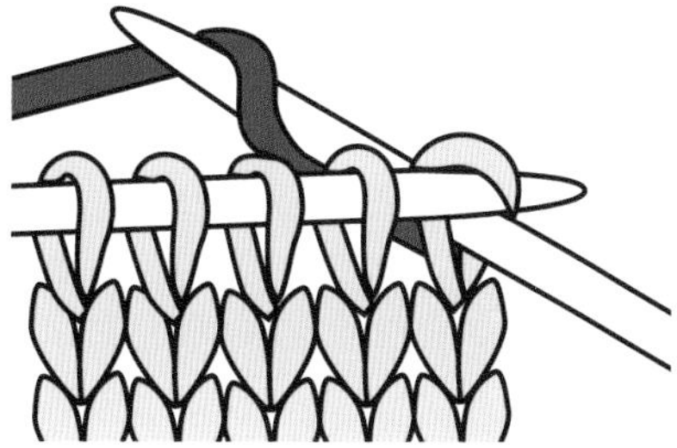

2. Übernimm den Faden mit der rechten Nadel von deinem linken Zeigefinger.

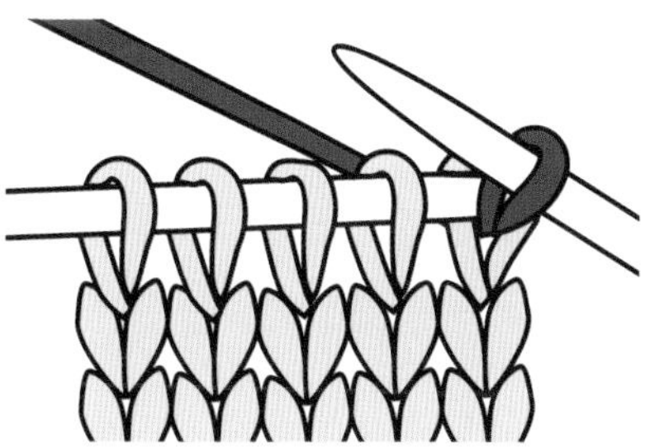

3. Zieh die neue Schlaufe mit der Spitze der rechten Nadel durch die Masche.

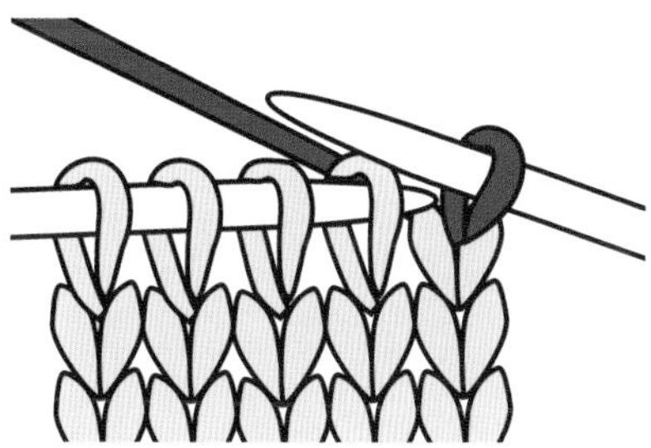

4. Lass die alte Masche von der linken Nadel gleiten. Jetzt hast du eine neue Masche auf der rechten Nadel.

ABKÜRZUNGEN

M	**= Masche(n)**
re	**= rechts**
li	**= links**
anschl.	**= anschlagen**
2Mzus.str.	**= 2 Maschen zusammenstricken**
ssk	**= slip, slip, knit = 2 verkreuzte Maschen zusammenstricken: 1 M abheben wie zum Rechtsstricken, noch 1 M so abheben. Beide Maschen zurückschieben auf die linke Nadel und mit der rechten Nadel beide rechts verschränkt zusammenstricken (d. h. dabei in die hinteren Maschenglieder einstechen).**
re S	**= rechte Seite**
li S	**= linke Seite**

Es gibt da einen kleinen Vers, mit dem sich rechte Maschen gut merken lassen.

Hinein durch die Haustür, einmal drum herum, raus aus dem Fenster und schon hast du's geschafft.

Linke Maschen • li

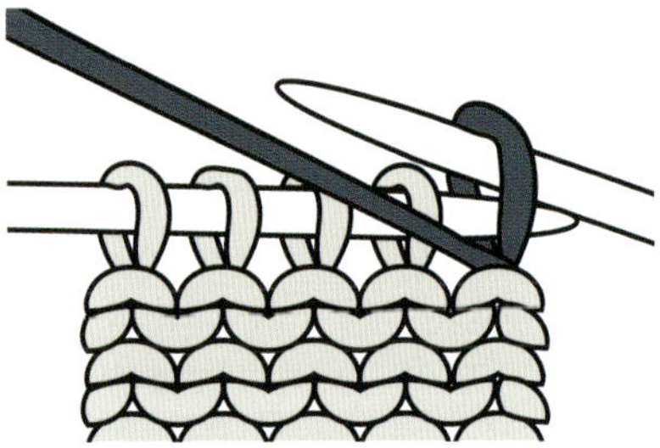

1. Stich die rechte Nadel von hinten (von rechts nach links) in den vorderen Teil der ersten Masche auf der linken Nadel.

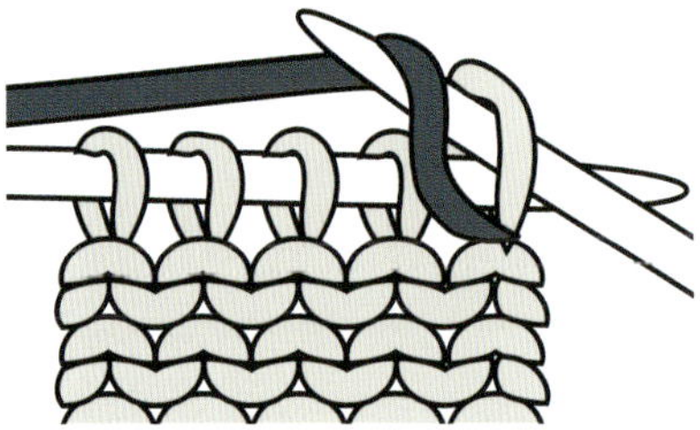

2. Bring die rechte Nadel hinter den Faden und drehe sie vor dem Faden nach oben. Du hast jetzt eine Schlaufe auf der Nadel.

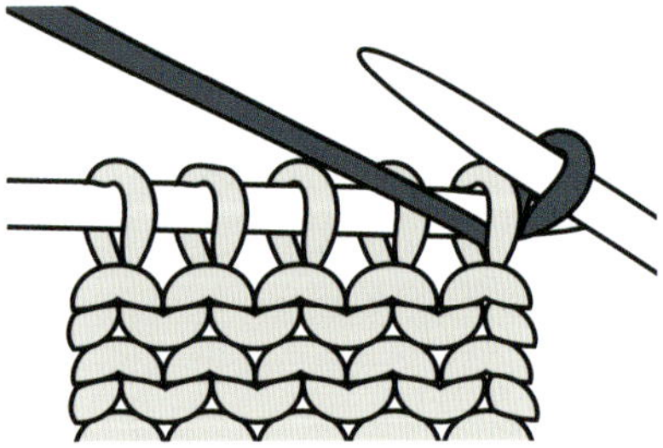

3. Zieh die Schlaufe mit der Nadelspitze durch die Masche.

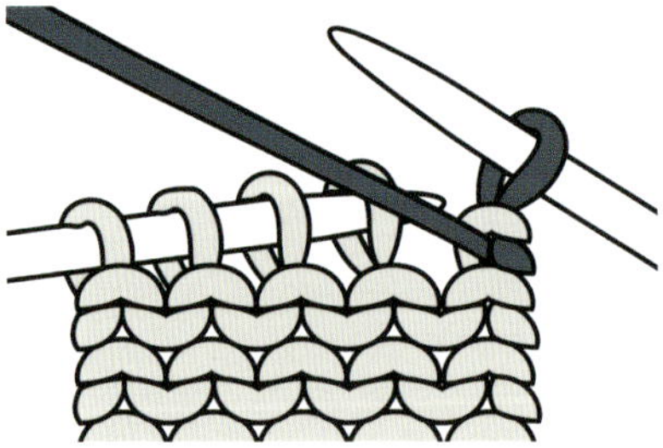

4. Lass die alte Masche von der linken Nadel gleiten. Du hast jetzt eine neue Masche auf der Nadel.

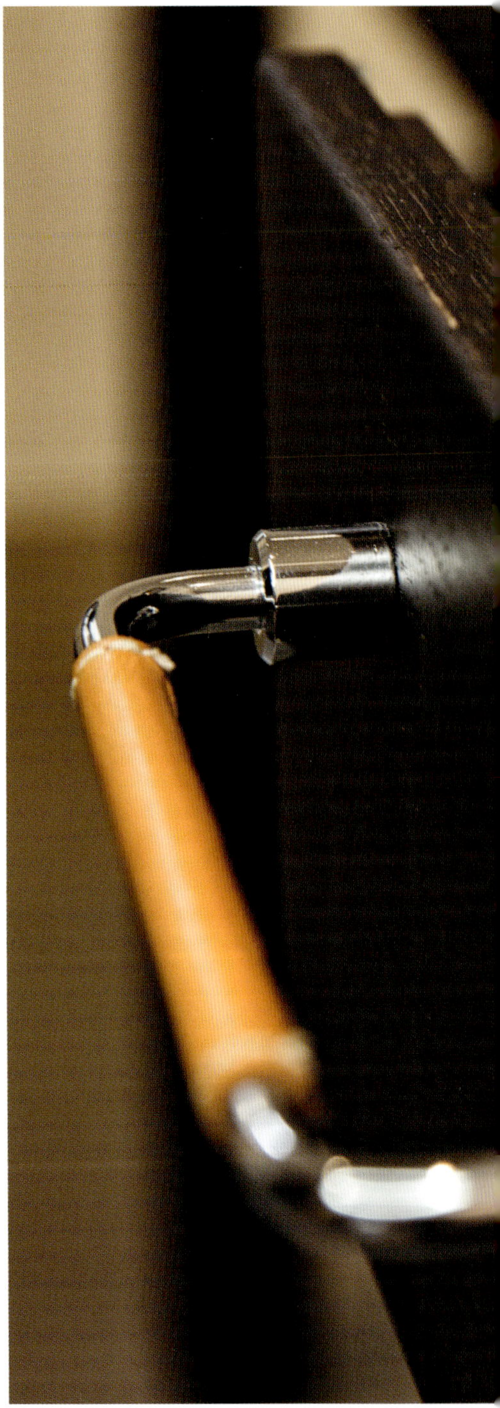

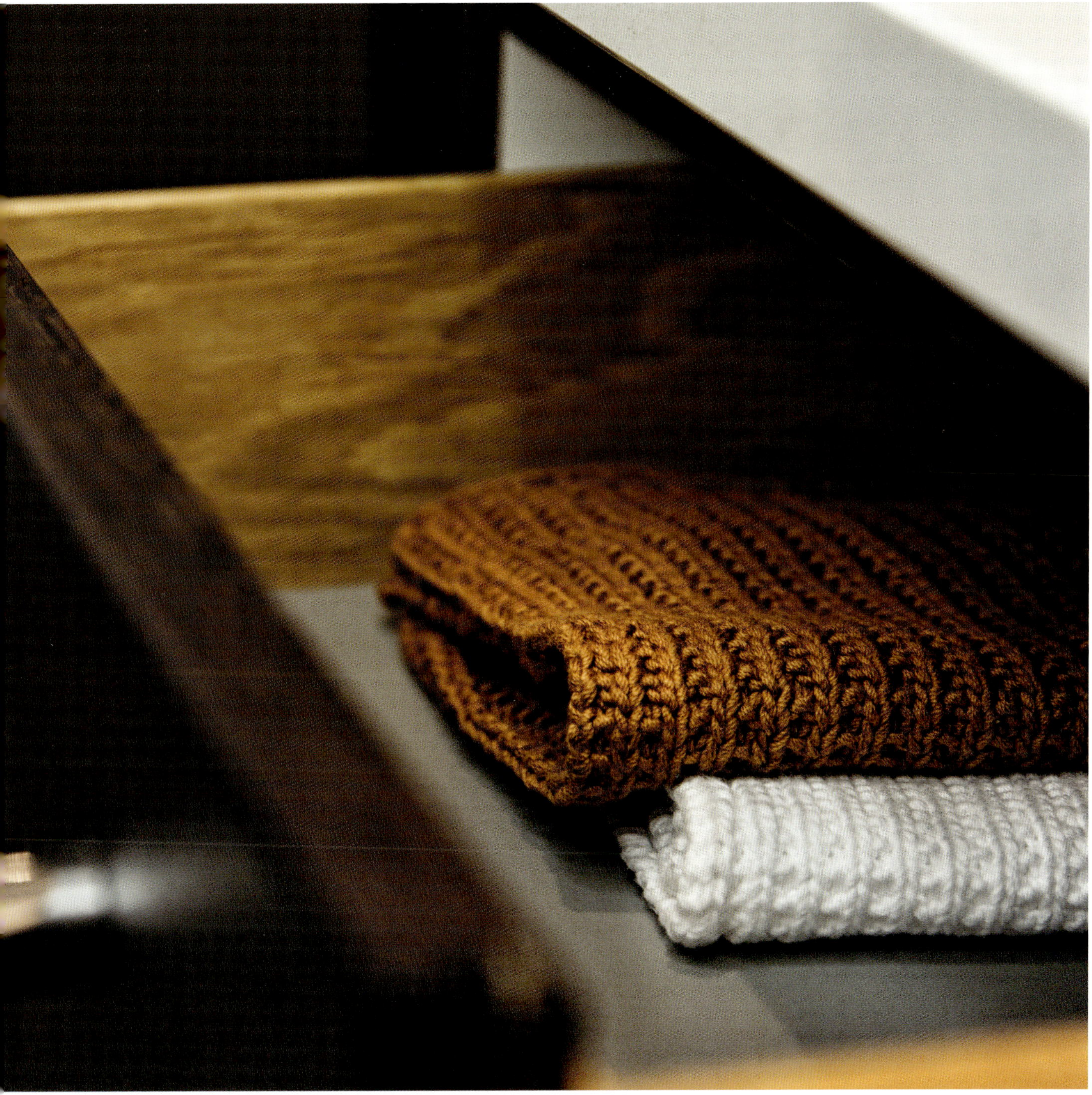

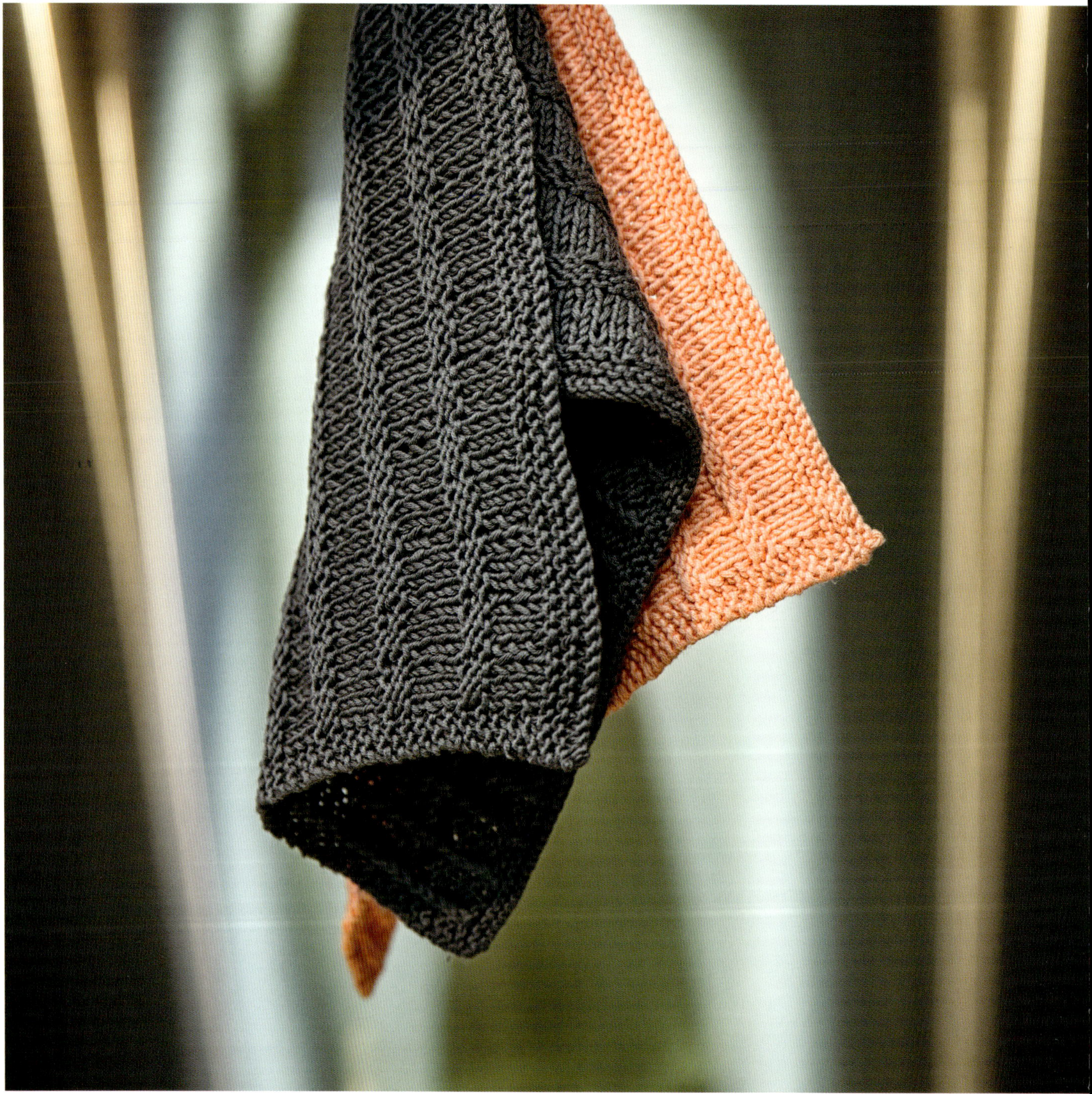

Umschlag • Umschl.

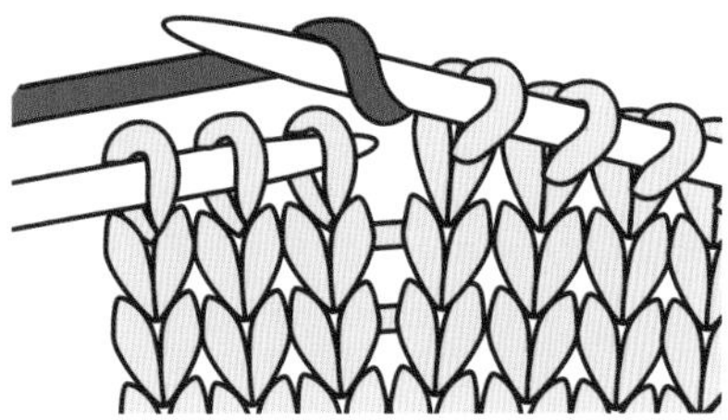

1. Wickle den Faden über die rechte Nadel, indem du den Faden vor die Arbeit legst, als ob du links stricken wolltest. Strick die nächste Masche ab.

abheben • abh.

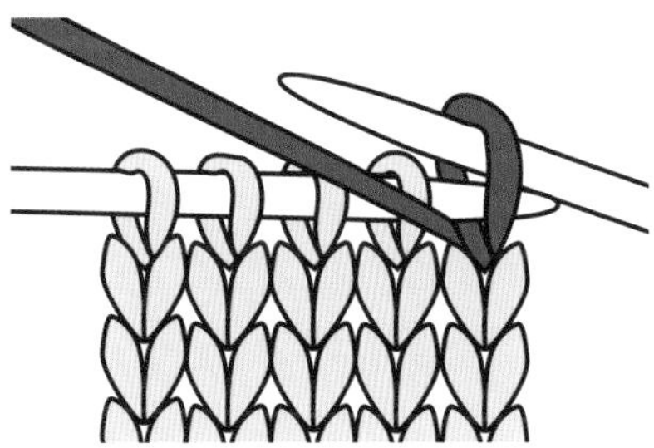

1. Führe die rechte Nadel von hinten (von rechts nach links) in den vorderen Teil der ersten Masche auf der linken Nadel, als wolltest du links stricken.

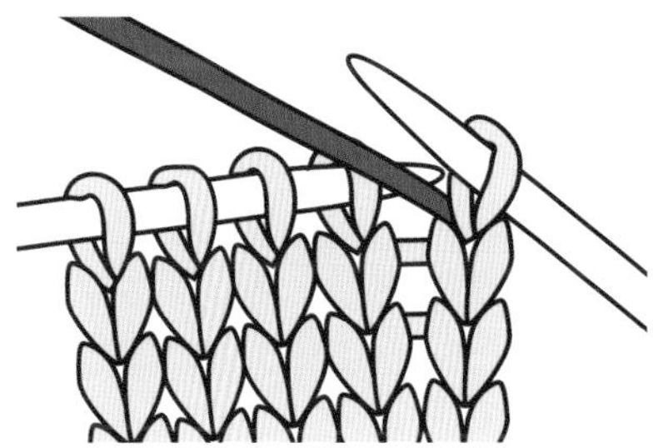

2. Lass die Masche von der linken auf die rechte Nadel gleiten, ohne sie abzustricken.

2 Maschen rechts zusammenstricken • 2 M re zus. str.

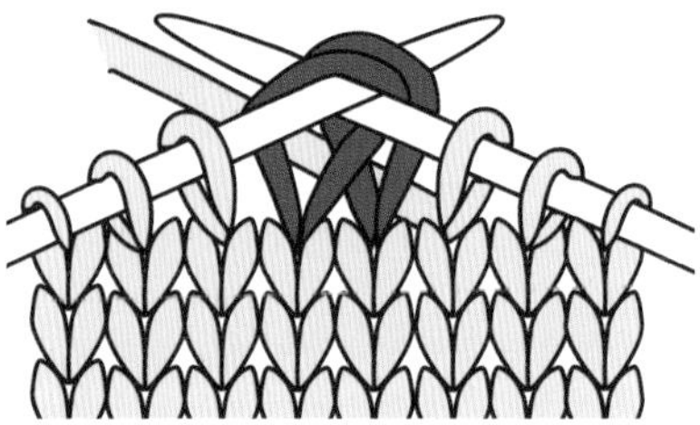

1. Stich mit der rechten Nadel durch die beiden ersten Maschen auf der linken Nadel, als wolltest du rechts stricken.
2. Zieh den Faden von hinten durch und lass die beiden Maschen von der Nadel gleiten.

2 verkreuzte Maschen zusammenstricken • ssk

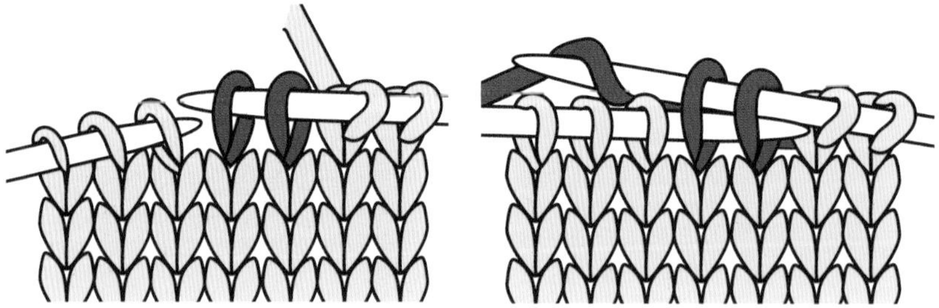

1. Hebe mit der rechten Nadel eine Masche von der linken Nadel ab wie zum Rechtsstricken. Mit der nächsten Masche dasselbe.
2. Schiebe beide Maschen zurück auf die linke Nadel und strick sie mit der rechten Nadel rechts verschränkt zusammen (d. h. du stichst dabei in die hinteren Maschenglieder ein).

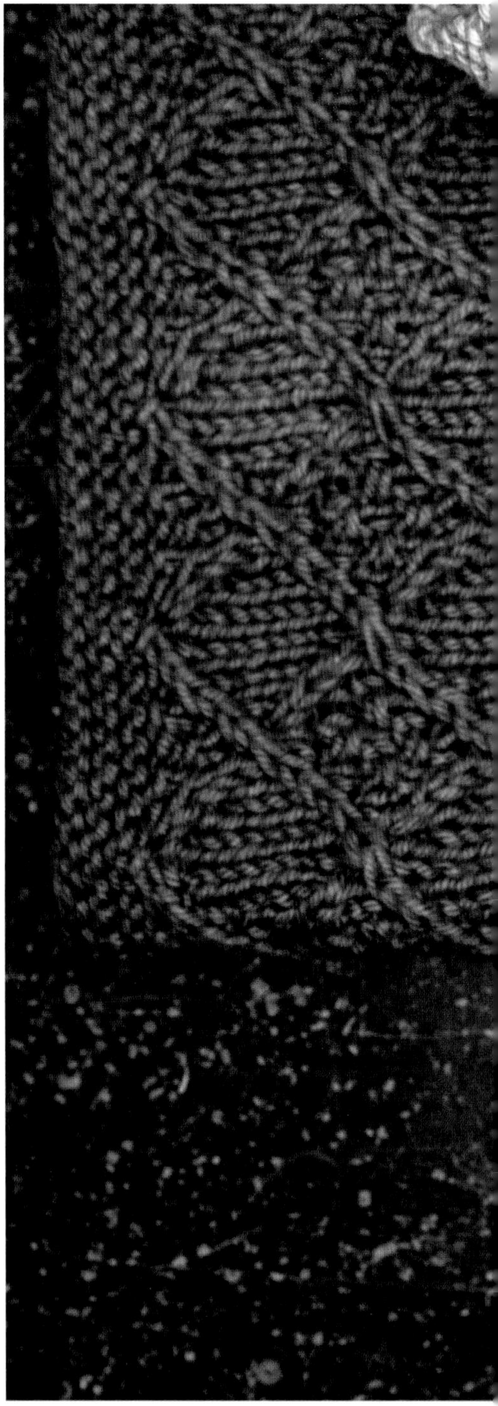

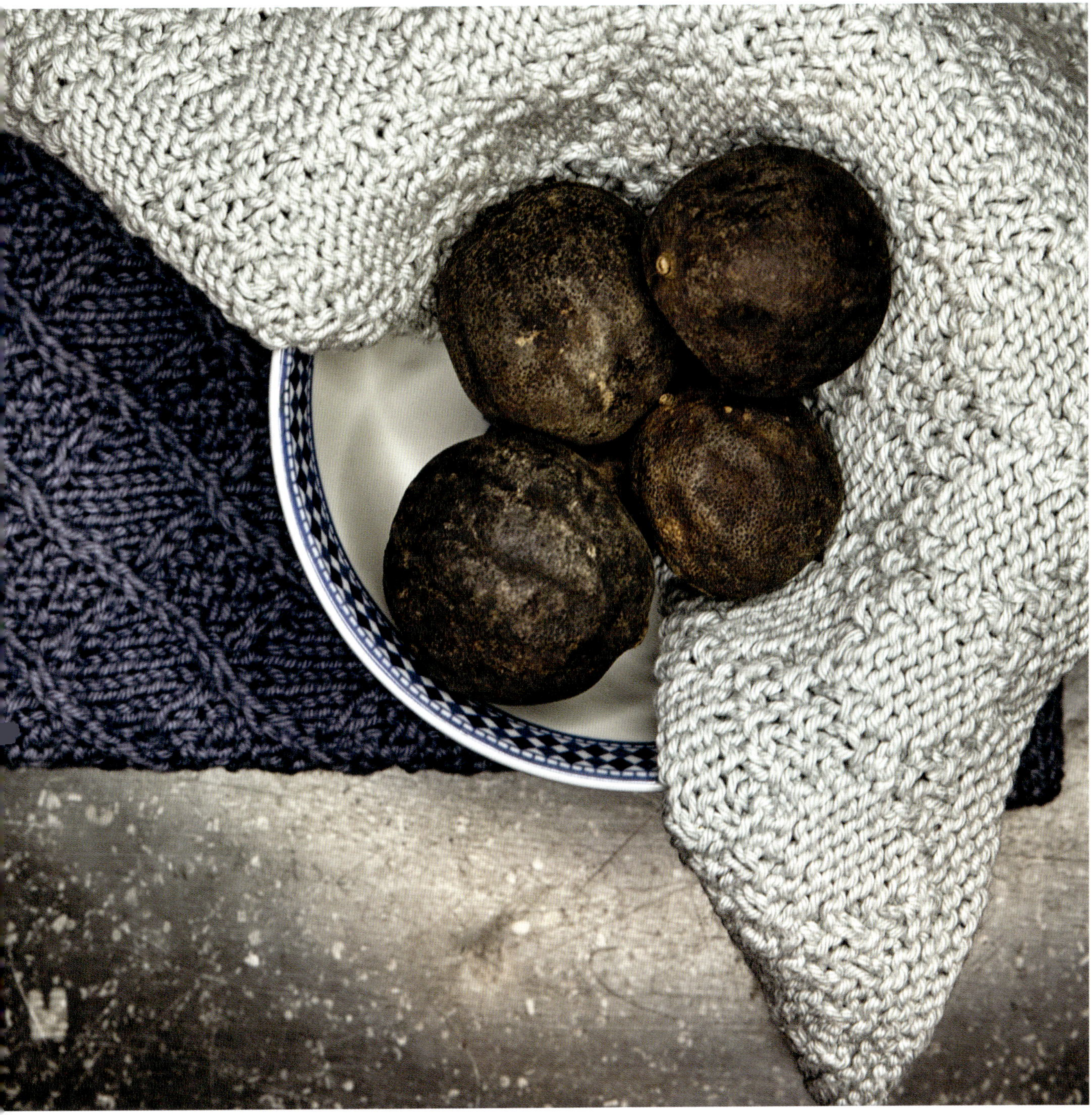

Muster

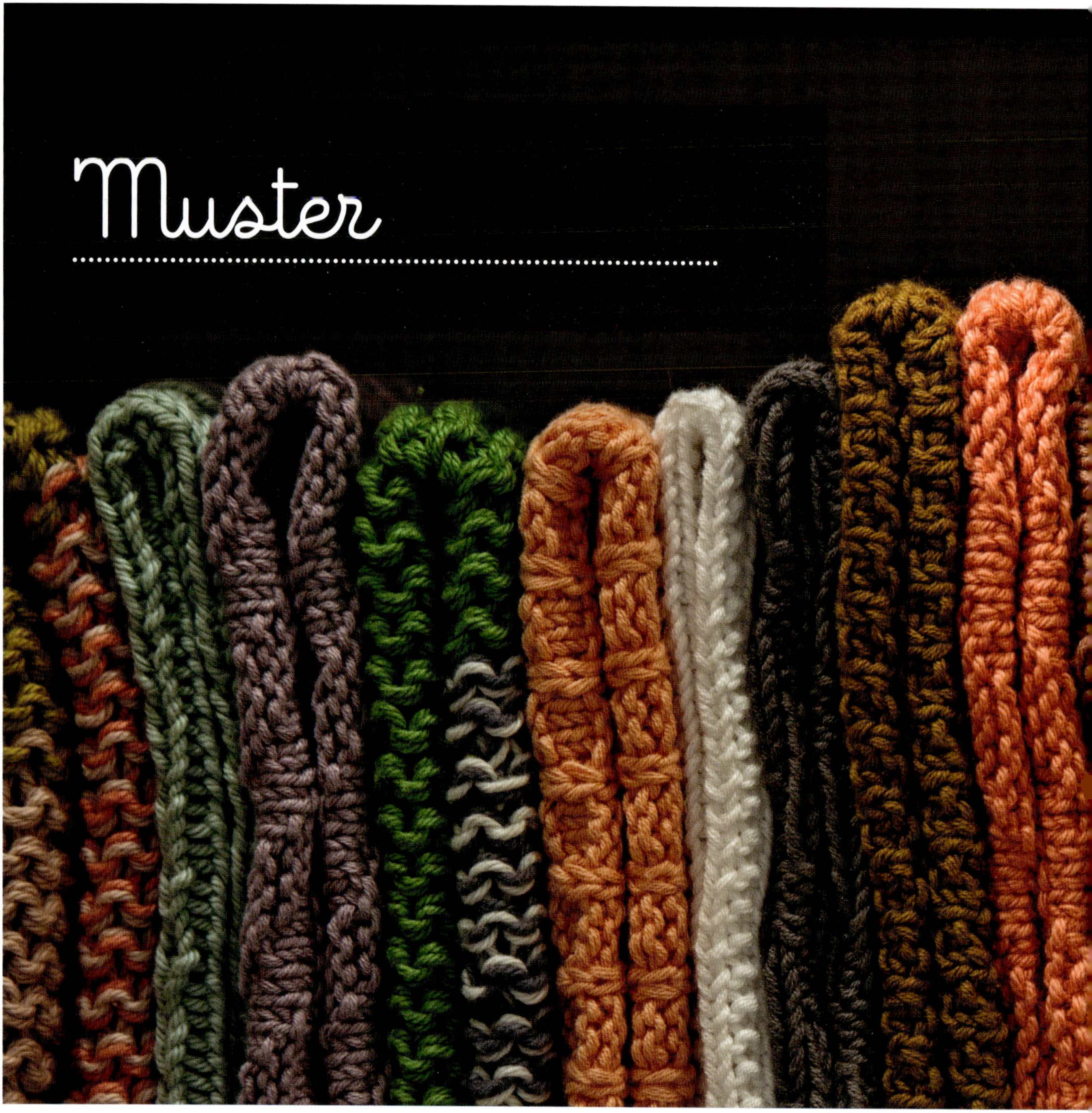

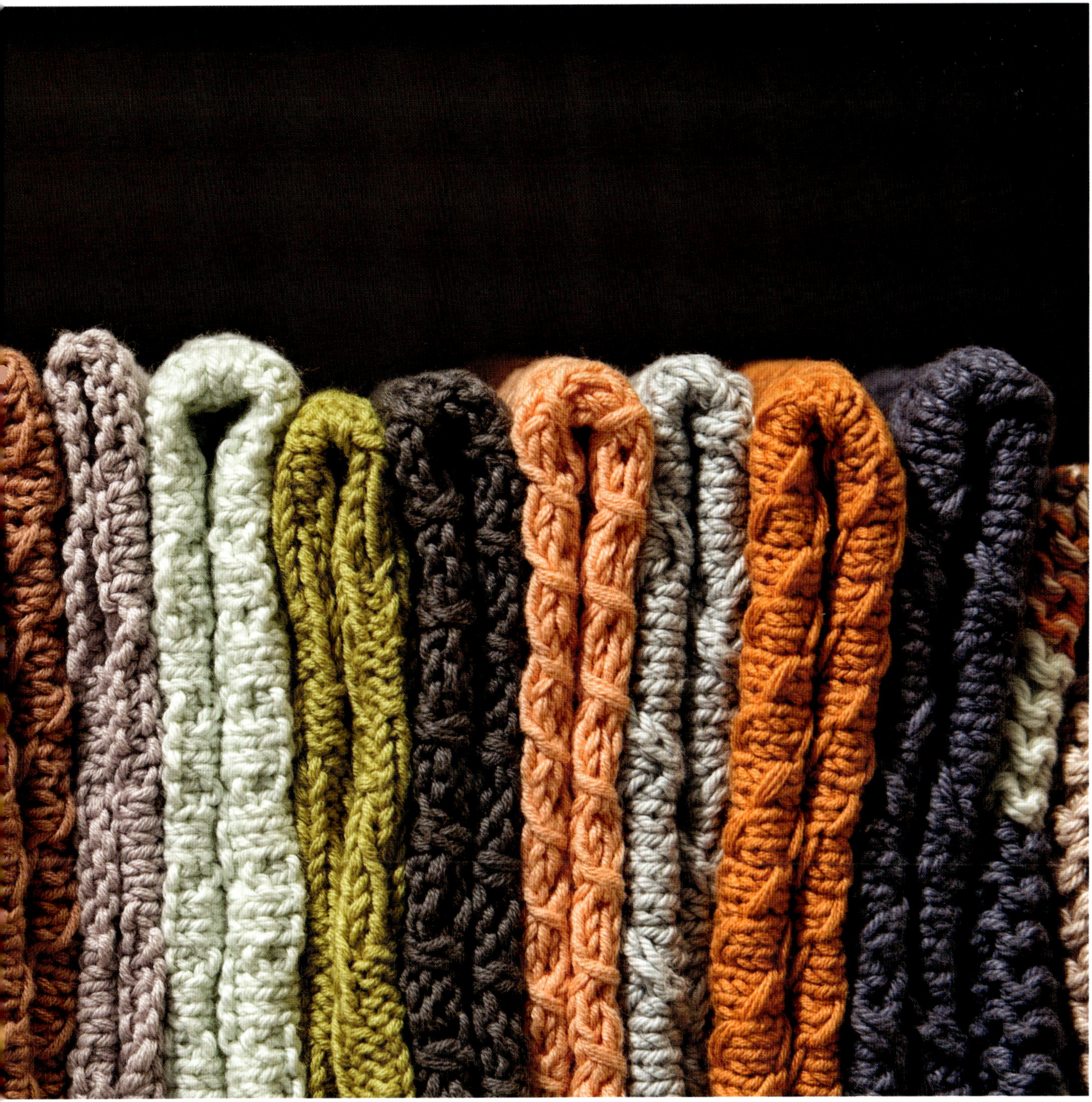

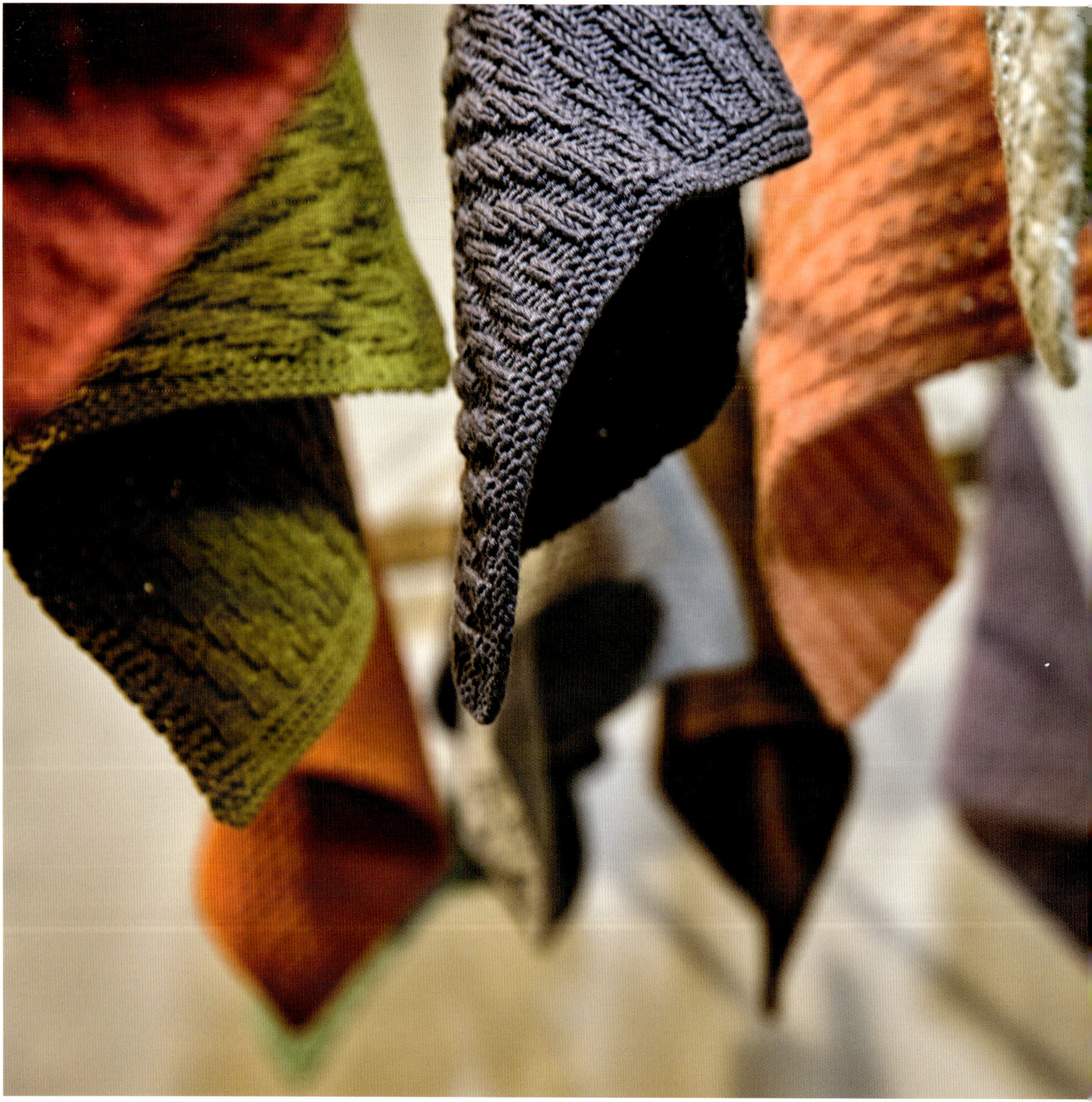

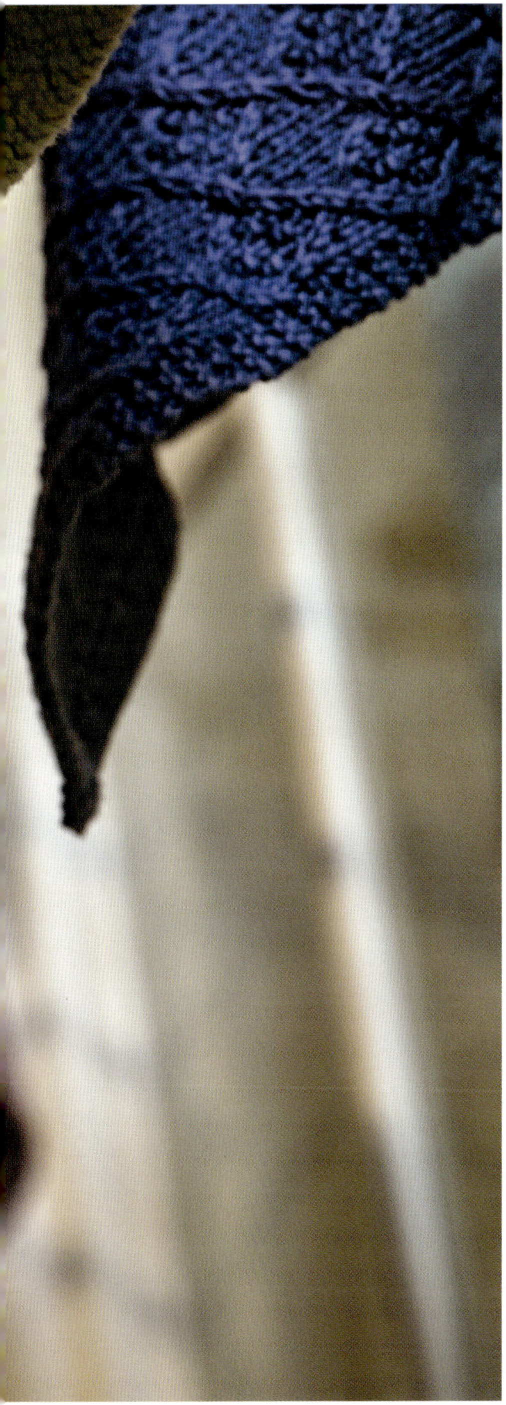

Einfacher Lappen *

Wenn du gerade anfängst oder etwas ganz Einfaches stricken willst, dann strick einen Lappen in kraus rechts – ein schlichter und praktischer Lappen in deiner Lieblingsfarbe!

GARN	Orange oder Moosgrün
VERBRAUCH	ca. 118 m
NADELN	3 mm
GRÖSSE	25 x 25 cm

HANDTUCH	100 M anschlagen
VERBRAUCH	ca. 360 m
GRÖSSE	35 x 45 cm

Wenn du einen größeren Lappen willst, gib einfach ein paar Maschen zu.

1. Schlage 75 M auf einer 3-mm-Nadel an und strick alle Reihen in rechten Maschen.

2. Strick so lange weiter, bis der Lappen 25 cm hoch ist oder die gewünschte Länge hat, kette ab.
   Vernäh die Garnenden.

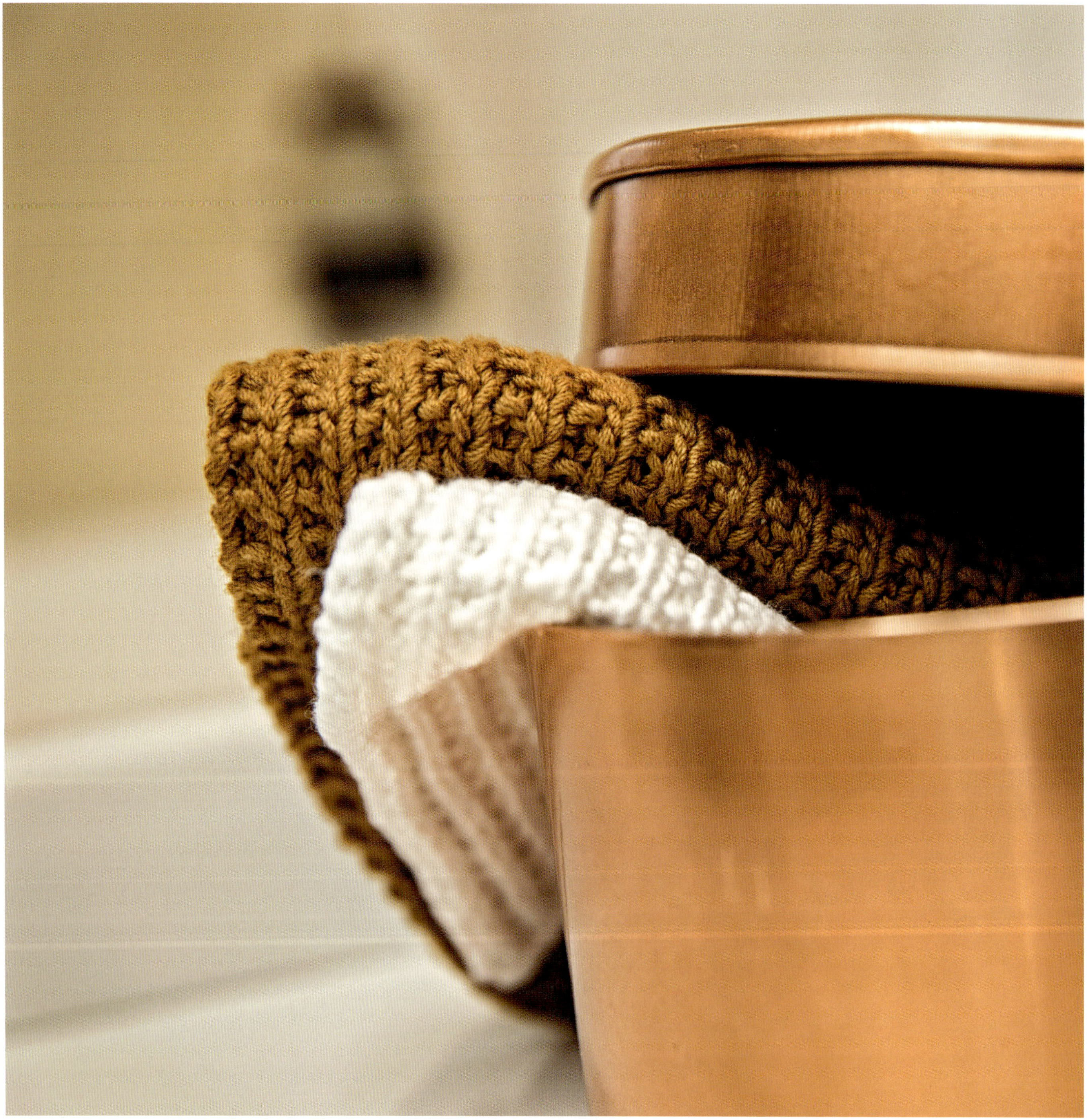

Rippen *

Dieser Lappen im Rippenmuster ist einfach zu stricken, wenn man erst einmal anfängt.

GARN Weiß oder Zimtbraun
VERBRAUCH ca. 118 m
NADELN 3 mm
GRÖSSE 25 x 25 cm

HANDTUCH 101 M anschlagen
VERBRAUCH ca. 360 m
GRÖSSE 35 x 45 cm

Wenn du einen größeren Lappen willst, gib einfach ein paar Maschen zu (teilbar durch 2).

1. Schlage 75 M auf Nadeln Nr. 3 an.

2. Strickmuster:

   Reihe 1: 1 M li, *1 M re, 1 M li; wiederhole ab * bis ans Ende der Reihe.

   Reihe 2: re M.

3. Wiederhole die Reihen 1 und 2, bis die Arbeit 25 cm oder das gewünschte Maß erreicht hat, kette ab. Vernäh die Garnenden.

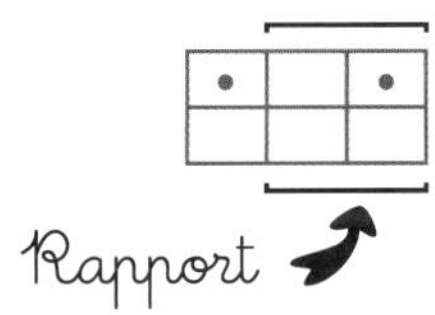

☐ re M auf re S, li M auf li S

⊡ li M auf re S, re M auf li S

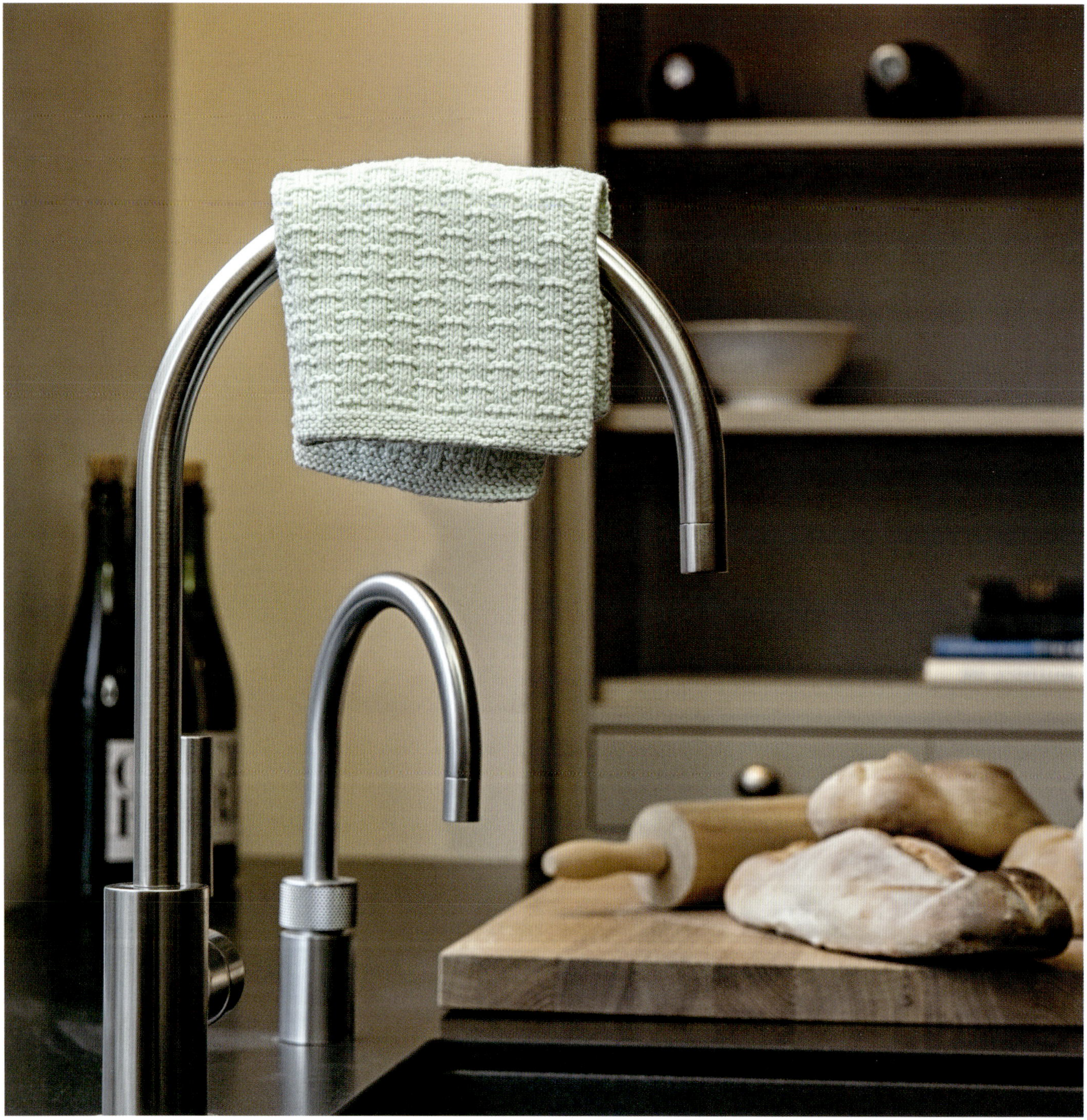

Gebrochenes Webmuster **

Dieses feine Webmuster ergibt ein hübsches und nützliches Tuch. Wenn du erst einmal anfängst, ist das Muster leicht zu stricken.

GARN Hellgrün
VERBRAUCH ca. 129 m
NADELN 3 mm
GRÖSSE 25 x 25 cm

HANDTUCH 100 M anschlagen
VERBRAUCH ca. 340 m
GRÖSSE 35 x 45 cm

Wenn du einen größeren Lappen willst, gib einfach ein paar Maschen zu (teilbar durch 6).

1. Schlag 76 M an und strick 6 Reihen kraus rechts.

2. Strickmuster:

   Reihe 1 (re S): 3 M re, *1 M li, 2 M re; wiederhole ab *, beende mit: 1 M li, 3 M re.

   Reihe 2, 4, 6 und 8: 3 M re, alle M li, beende mit: 3 M re.

   Reihe 3: 3 M re, *4 M li, 2 M re; wiederhole ab *, beende mit: 4 M li, 3 M re.

   Reihe 5: wie Reihe 1.

   Reihe 7: 3 M re, *1 M li, 2 M re, 3 M li; wiederhole ab *, beende mit: 1 M li, 2 M re, 1 M li, 3 M re.

3. Wiederhole die Reihen 1–8, bis das Tuch 24 cm oder das gewünschte Maß erreicht hat.

Strick 6 Reihen kraus rechts, kette ab.
Vernäh die Fadenenden.

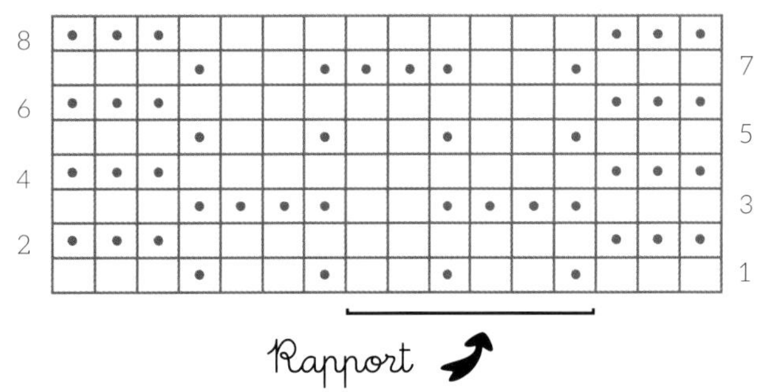

Leeres Kästchen: re M auf re S, li M auf li S

•: li M auf re S, re M auf li S

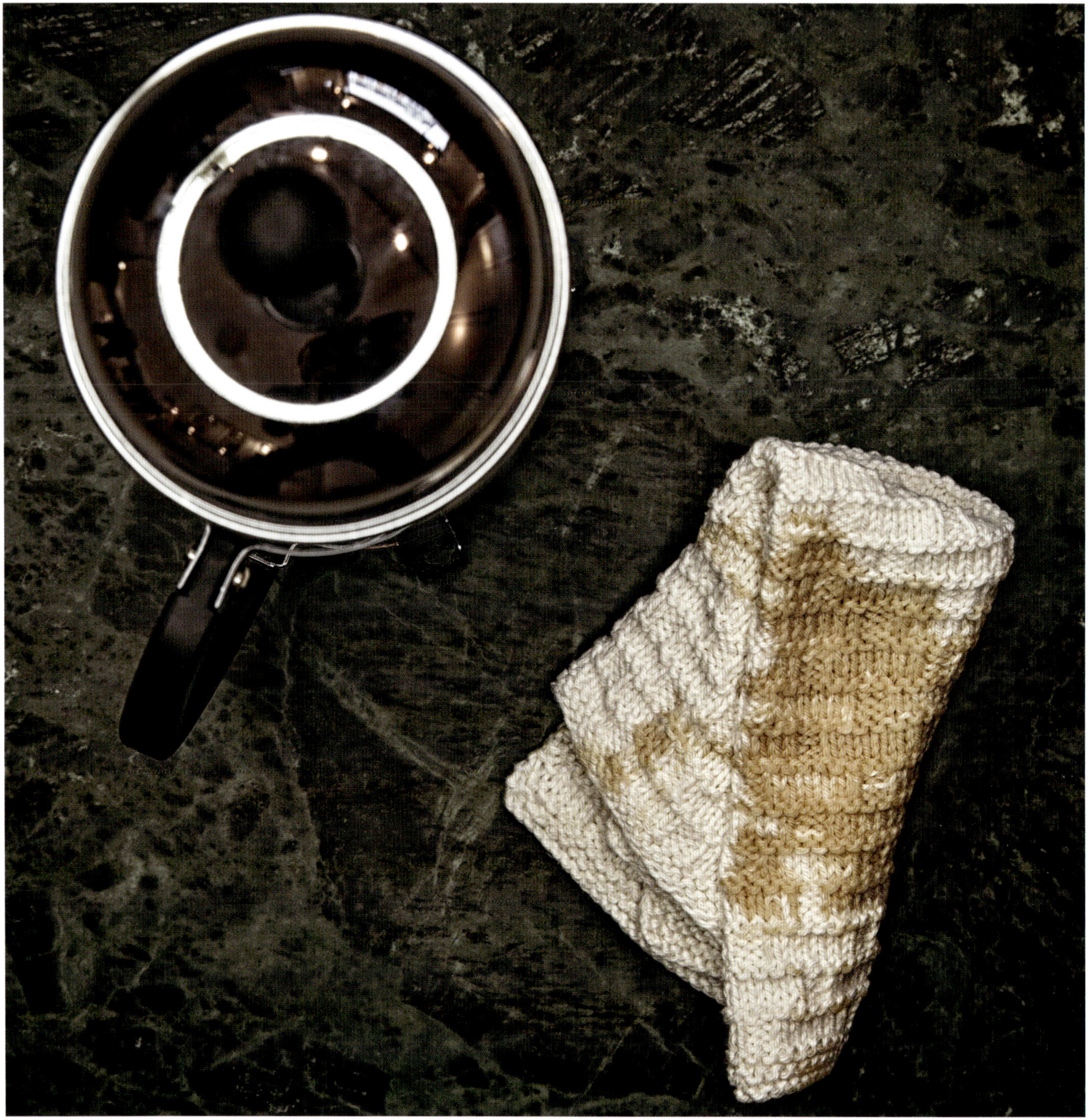

Gerippter Lappen **

Dieses *hyggelige* gerippte Tuch hat ein kuschliges Muster auf beiden Seiten.

GARN Natur
VERBRAUCH ca. 136 m
NADELN 3 mm
GRÖSSE 25 x 25 cm

HANDTUCH 102 M anschlagen
VERBRAUCH ca. 340 m
GRÖSSE 35 x 45 cm

Wenn du einen größeren Lappen willst, gib einfach ein paar Maschen zu (teilbar durch 8)

1. Schlag 78 M an und strick 3 Reihen kraus rechts.

2. Strickmuster:

   Reihe 1 und 3 (li S): 6 M re, *2 M li, 6 M re; wiederhole ab *.

   Reihe 2: 2 M re, 4 M *2 M re, 6 M li; wiederhole ab *, beende mit: 2 M re, 4 M li, 2 M re.

   Reihe 4: alle M re.

   Reihe 5 und 7: 10 M re, *2 M li, 6 M re; wiederhole ab *, beende mit: 2 M li, 10 M re.

   Reihe 6: 2 M re, 8 M li, *2 M re, 6 M li; wiederhole ab *, beende mit: 2 M re, 8 M li, 2 M re.

   Reihe 8: alle M re.

3. Wiederhole die Reihen 1–8, bis das Tuch 24 cm oder das gewünschte Maß erreicht hat.
   Strick 3 Reihen kraus rechts, kette ab.
   Vernäh die Fadenenden.

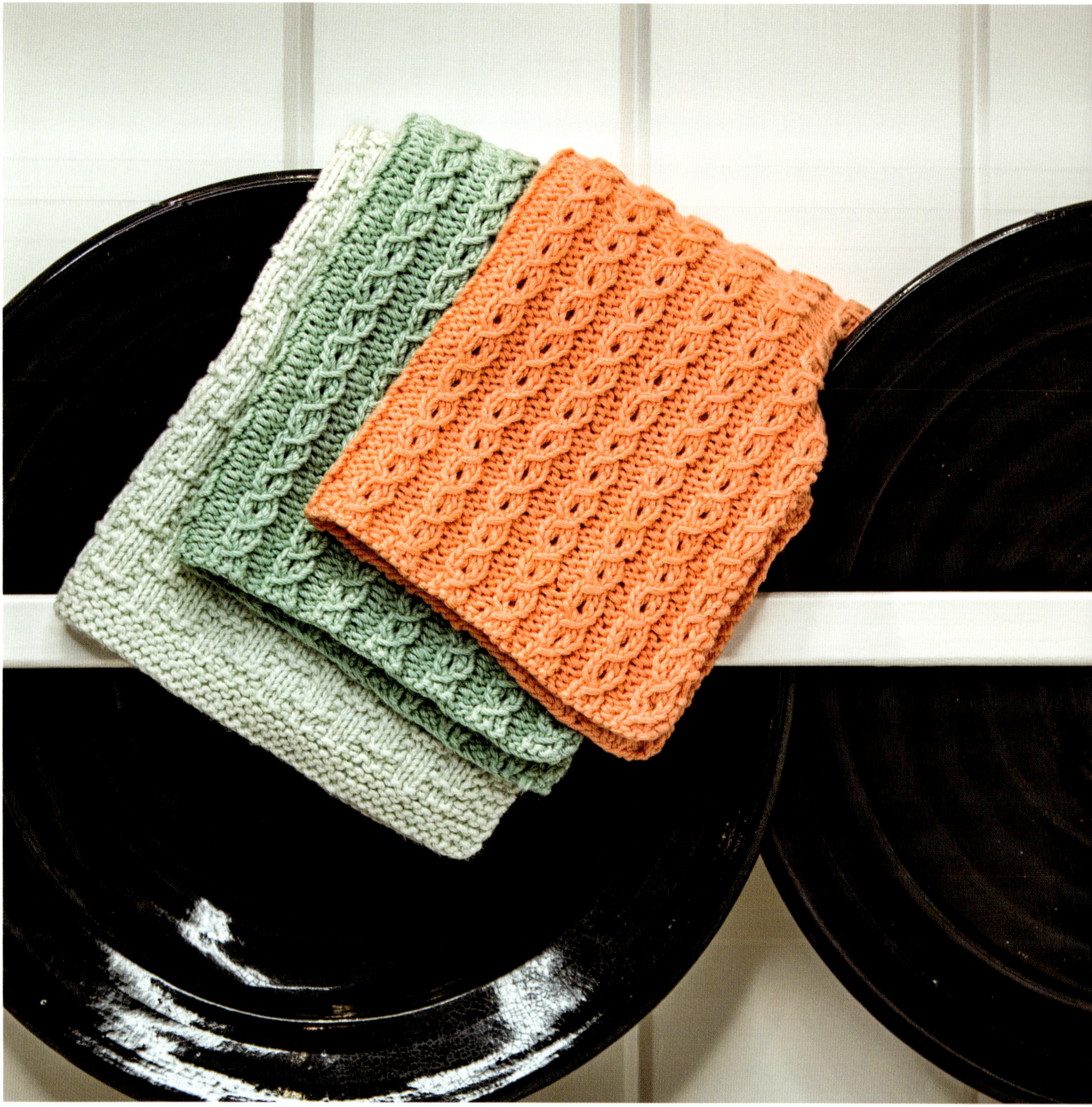

Zopfmuster ***

Dieses Zopfmuster sieht kompliziert aus, ist aber tatsächlich ganz einfach zu stricken.

GARN Minzgrün oder Pfirsich
VERBRAUCH ca. 132 m
NADELN 3 mm
GRÖSSE 25 x 25 cm

HANDTUCH 105 M anschlagen
VERBRAUCH ca. 350 m
GRÖSSE 35 x 45 cm

Wenn du einen größeren Lappen willst, gib einfach ein paar Maschen zu (teilbar durch 5).

1. Schlag 75 M an.

2. Strickmuster:

    Reihe 1: 4 M re, *2 M li, 3 M re; wiederhole ab *, beende mit: 2 M li, 4 M re.

    Reihe 2: 1 M re, 3 M li *2 M re, 3 M li. wiederhole ab *, beende mit: 2 M re, 3 M li, 1 M re.

    Reihe 3: 1 M re, *1 M abh., 2 M re, die abgehobene M über die beiden gerade gestrickten M heben, 2 M li; wiederhole ab *, beende mit: 1 M abh., 2 M re, abgehobene M über die beiden gerade gestrickten heben, 1 M re.

    Reihe 4: 1 M re, *1 M li, 1 Umschl., 1 M li, 2 M re; wiederhole ab *, beende mit: 1 M li, 1 Umschl., 1 M li, 1 M re.

3. Wiederhole die Reihen 1–4, bis der Lappen 25 cm oder das gewünschte Maß erreicht hat, kette ab. Vernäh die Fadenenden.

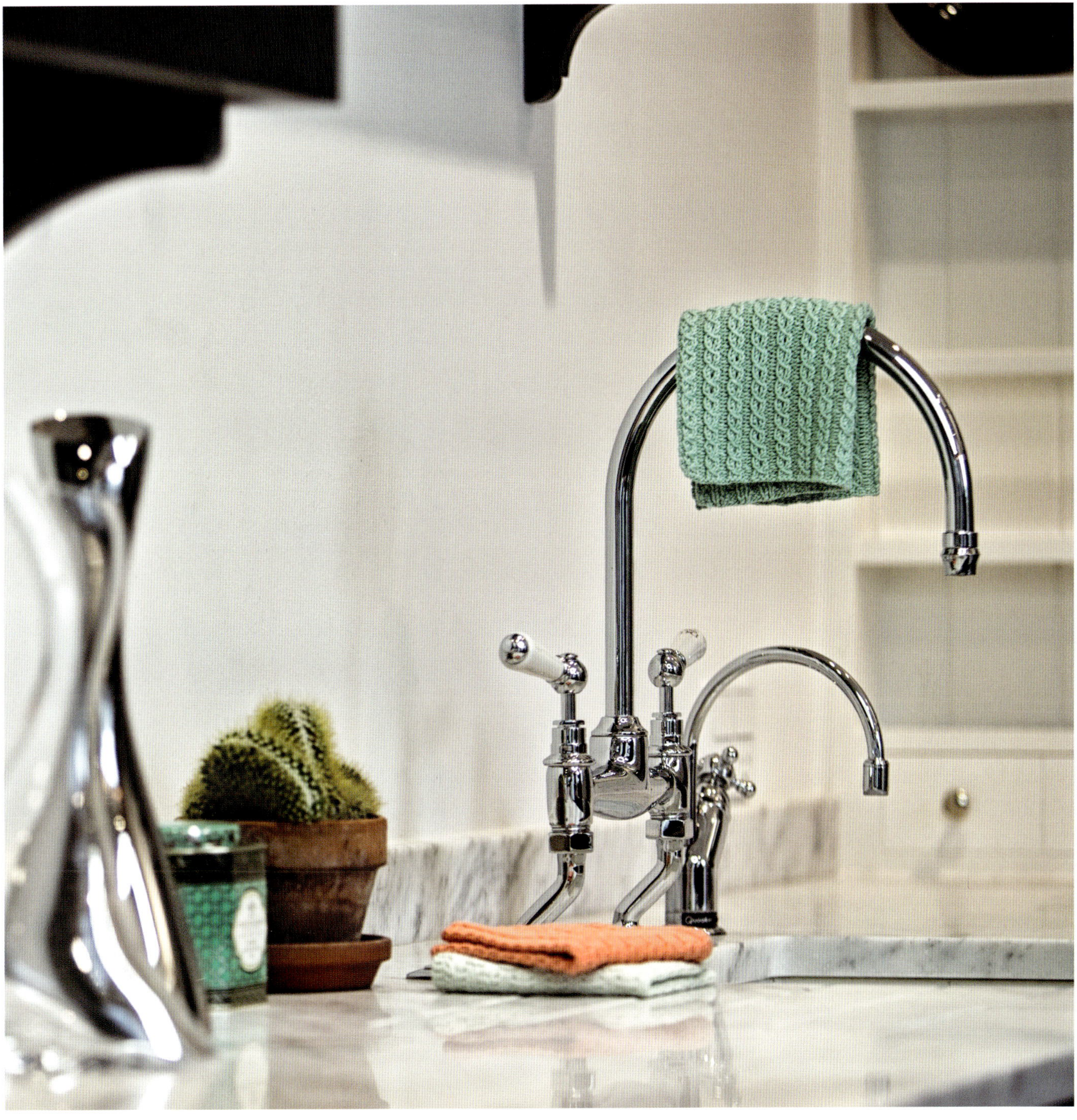

Zickzackmuster **

Dieses Zickzackmuster macht schon beim Stricken Spaß und ist auf beiden Seiten gleich gemustert.

GARN	Maisgelb und Dunkelgrau
VERBRAUCH	ca. 129 m
NADELN	3 mm
GRÖSSE	25 x 25 cm

HANDTUCH	97 M anschlagen
VERBRAUCH	ca. 360m
GRÖSSE	35 X 45 cm

Wenn du einen größeren Lappen willst, gib einfach ein paar Maschen zu (teilbar durch 18)

1. Schlag 79 M an und strick 6 Reihen kraus rechts.

2. Strickmuster:

    Reihe 1 und 3: 3 M re, 1 M li, *[2 M re, 2 M li] 2-mal, 1 M re, [2 M li, 2 M re] 2-mal, 1 M li; wiederhole ab *, beende mit: 3 M re.

    Reihe 2 und 4: 3 M re *1 M re [2 M li, 2 M re] 2-mal, 1 M li, [2 M re, 2 M li] 2-mal; wiederhole ab *, beende mit: 1 M re, 3 M re.

    Reihe 5 und 7: 3 M re, 1 M li, *1 M li, [2 M re, 2 M li] 2-mal, 1 M li, [2 M re, 2 M li] 2-mal; wiederhole ab *, beende mit: 3 M re.

    Reihe 6 und 8: 3 M re, *[2 M re, 2 M li] 2-mal, 3 M re, 2 M li, 2 M re, 2 M li, 1 M re; wiederhole ab *, beende mit: 1 M re, 3 M re.

    Reihen 9 und 11: 3 M re, 1 M re, *[2 M li, 2 M re] 2-mal, 1 M li, [2 M re, 2 M li] 2-mal, 1 M re; wiederhole ab *, beende mit: 3 M re.

    Reihen 10 und 12: 3 M re, *1 M li, [2 M re, 2 M li] 2-mal, 1 M re, [2 M li, 2 M re] 2-mal; wiederhole ab *, beende mit: 1 M li, 3 M re.

    Reihen 13 und 15: 3 M re, 1 M re, *1 M re, [2 M li, 2 M re], 2-mal, 1 M re, [2 M li, 2 M re] 2-mal; wiederhole ab *, beende mit: 3 M re.

    Reihen 14 und 16: 3 M re, .*[2 M li, 2 M re] 2-mal, 3 M li, 2 M re, 2 M li, 2 M re, 1 M li; wiederhole ab *, beende mit: 1 M li, 3 M re.

3. Wiederhole die Reihen 1–16, bis der Lappen 24 cm oder das gewünschte Maß erreicht hat. Strick 6 Reihen kraus rechts, kette ab. Vernäh die Fadenenden.

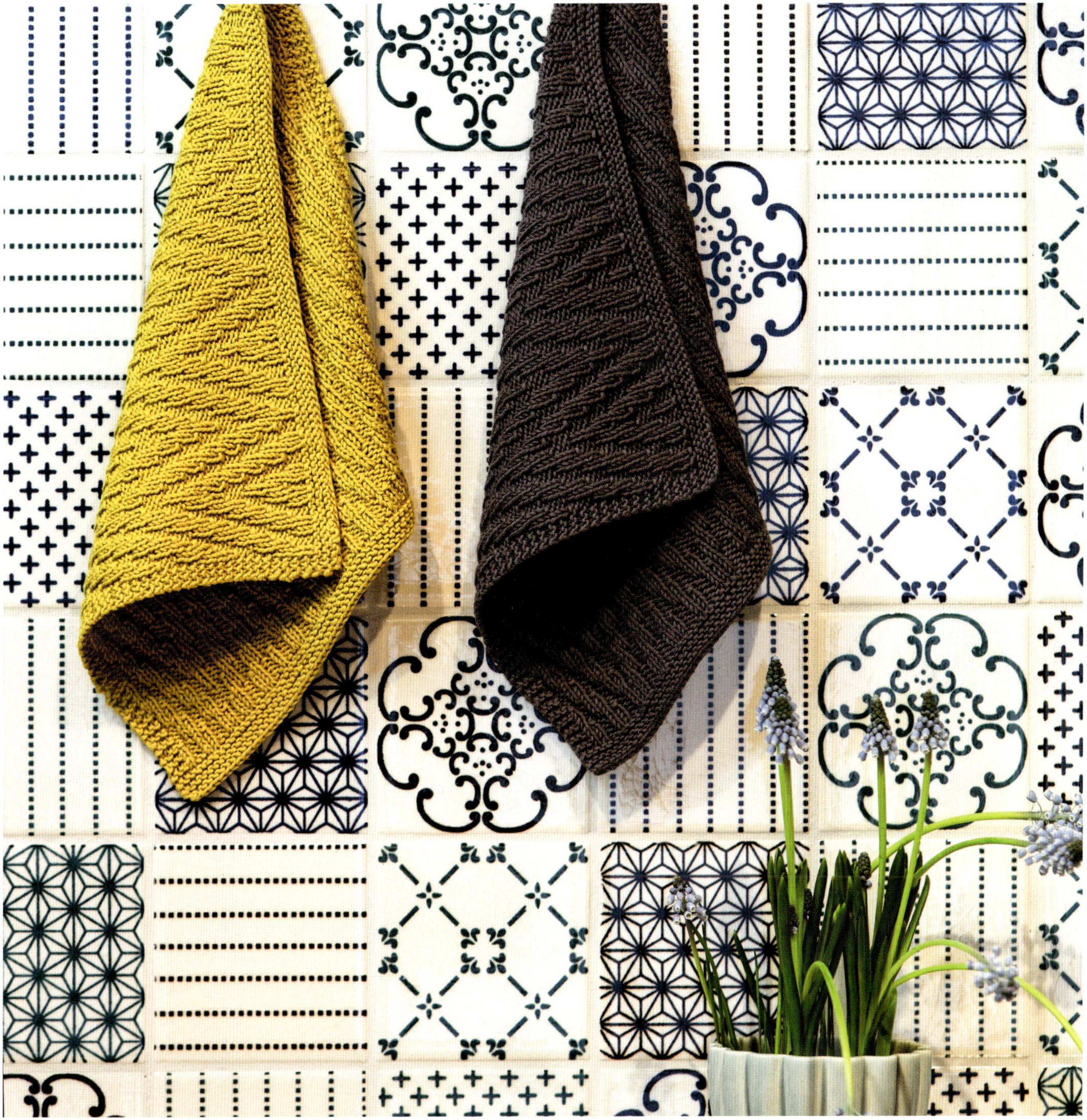

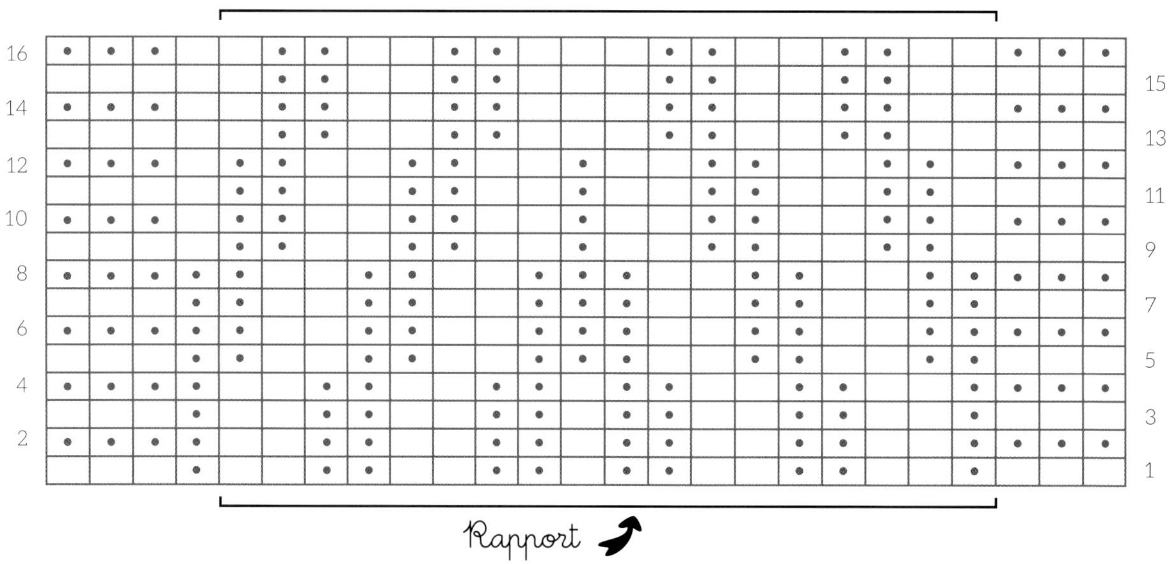

re M auf re S, li M auf li S • li M auf re S, re M auf li S

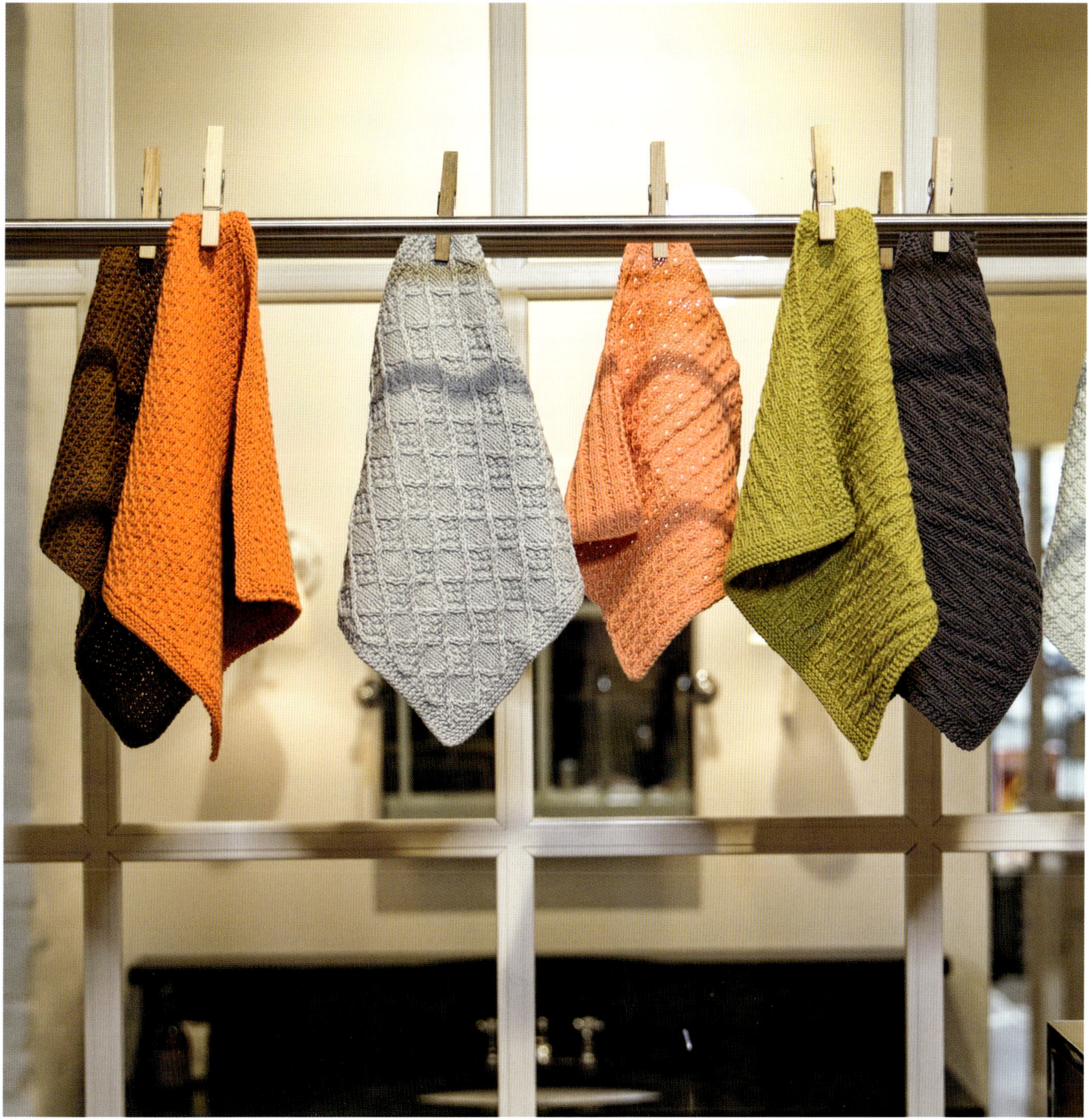

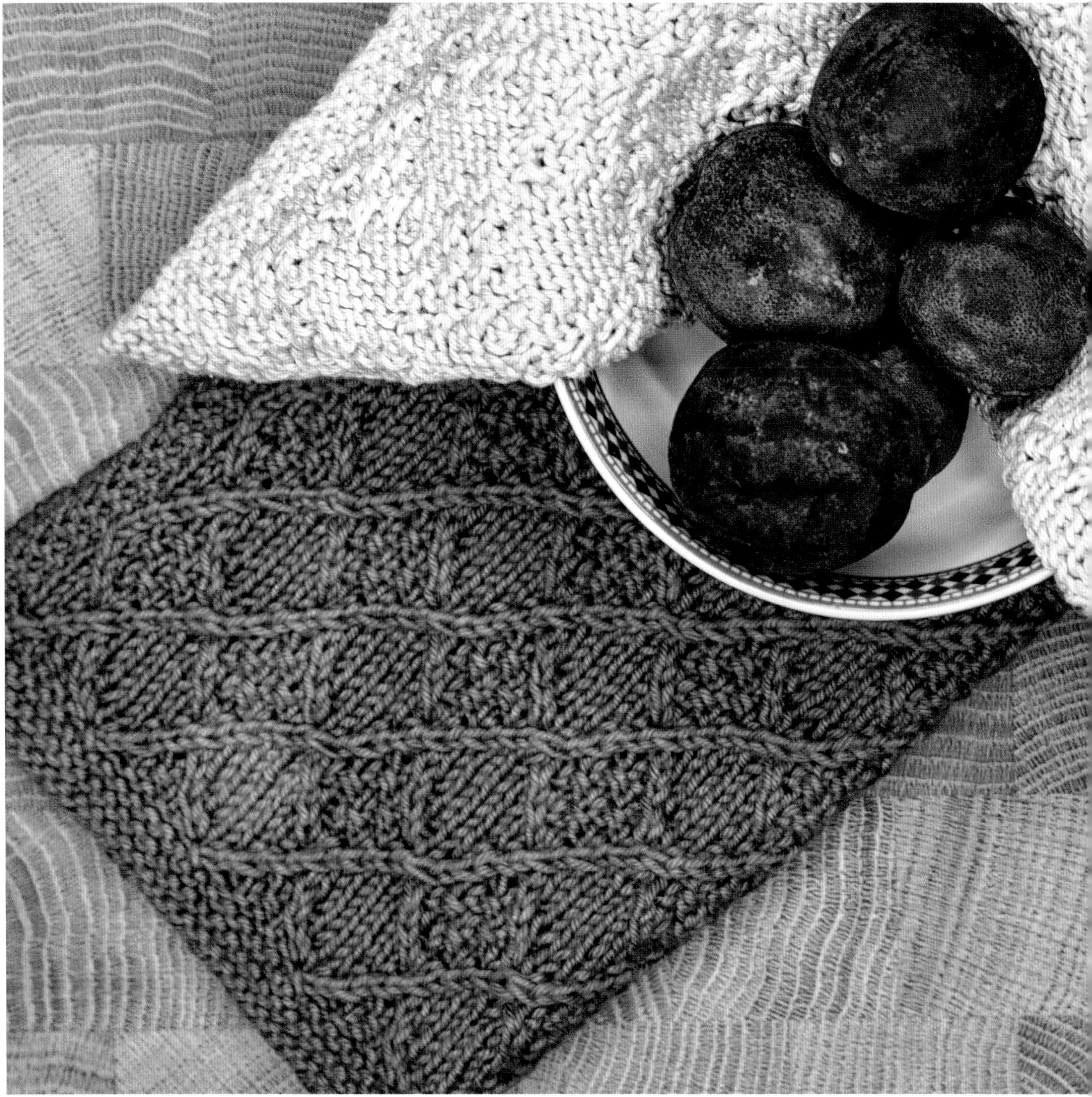

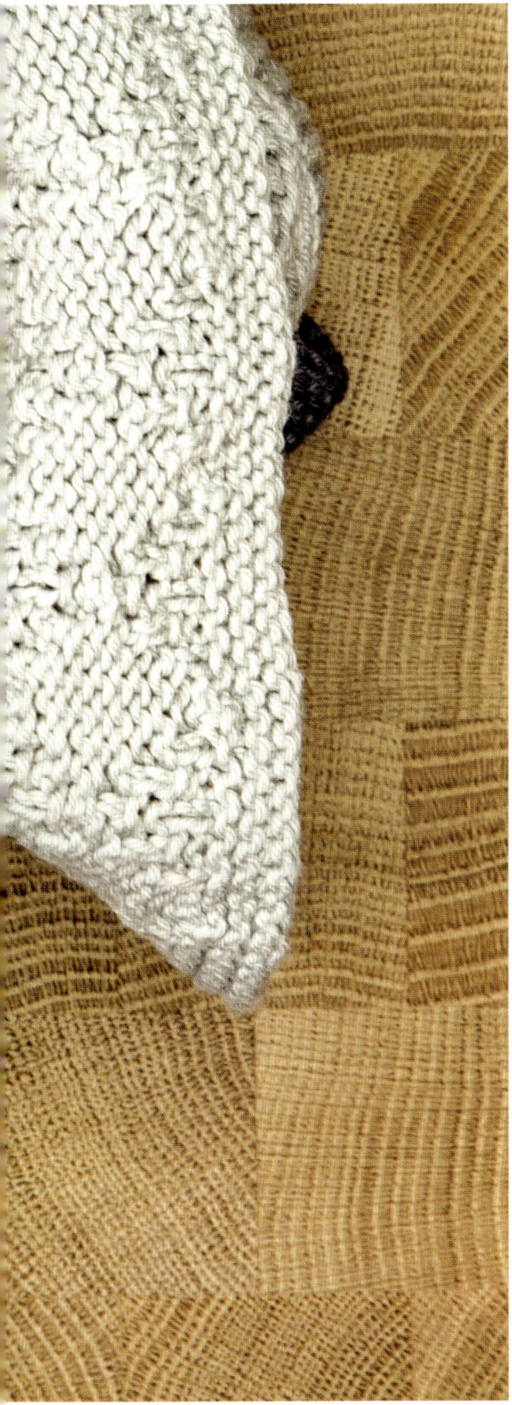

Spalier ***

Dieses schöne Muster ergibt ein raffiniertes Tuch. Es wäre sicher ein schönes Gastgeschenk.

GARN	Jeansblau oder Hellgrau
VERBRAUCH	ca. 136 m
NADELN	3 mm
GRÖSSE	25 x 25 cm

HANDTUCH	101 M anschlagen
VERBRAUCH	ca. 340 m
GRÖSSE	35 x 45 cm

Wenn du einen größeren Lappen willst, gib einfach ein paar Maschen zu (teilbar durch 8).

BESONDERE ABKÜRZUNGEN

x n re: (nach rechts kreuzen) – strick zuerst die 2. M auf der linken Nadel rechts und dann die 1. M auf der linken Nadel rechts verschränkt ab, lass dann beide M von der linken Nadel gleiten.

x n li: (nach links kreuzen) – strick zuerst die 2. M auf der linken Nadel rechts verschränkt und dann die 1. M auf der linken Nadel rechts ab, lass dann beide Maschen von der linken Nadel gleiten.

X 3 re: (über 3 M nach rechts kreuzen) – strick die dritte, die zweite und die erste M von der li Nadel ab und lass sie alle gemeinsam von der linken Nadel gleiten.

1. Schlag 77 M auf eine Nadel Nr. 3 an und strick 6 Reihen kraus rechts.

2. Strickmuster:

   Reihe 1: 3 M re, 1 M re, 1 M li, *[1 M re, 1 M li] 2-mal, x n re, 1 M li; wiederhole ab *, beende mit: [1 M re, 1 M li] 2-mal, 1 M re, 3 M re.
   Reihe 2, 4, 6, 8, 10, 12: 3 M re, strick wie die M erscheinen (re auf re, li auf li), beende mit: 1 M re, 3 M re.
   Reihe 3: 3 M re, x n li, *1 M re, 1 M li, 1 M re, x n re, 1 M re, x n li; wiederhole ab *, beende mit: 1 M re, 1 M li, 1 M re, x n re, 3 M re.
   Reihe 5: 3 M re, 1 m re, *x n li, 1 M li, x n re, 3 M re; wiederhole ab *, beende mit: x n li, 1 M li, x n re, 1 M re, 3 M re.
   Reihe 7: 3 M re, 2 M re, *x 3 re, 5 M re; wiederhole ab *, beende mit: x 3 re, 2 M re, 3 M re.
   Reihe 9: 3 M re, 1 M re, *x n re, 1 M li, x n li, 3 M li; wiederhole ab *, beende mit: x n re, 1 M li, x n li, 1 M re, 3 M re.
   Reihe 11: 3 M re, x n re, *1 M li, 1 M re, 1 M li, x n re; wiederhole ab *, beende mit: 1 M li, 1 M re, 1 M li, x n li, 3 M re.

3. Wiederhole die Reihen 1–12, bis der Lappen 24 cm erreicht hat. Beende entweder in Reihe 1 oder 7 (eine Reihe auf der rechten Seite), strick 5 Reihen kraus rechts, kette ab. Vernäh die Fadenenden.

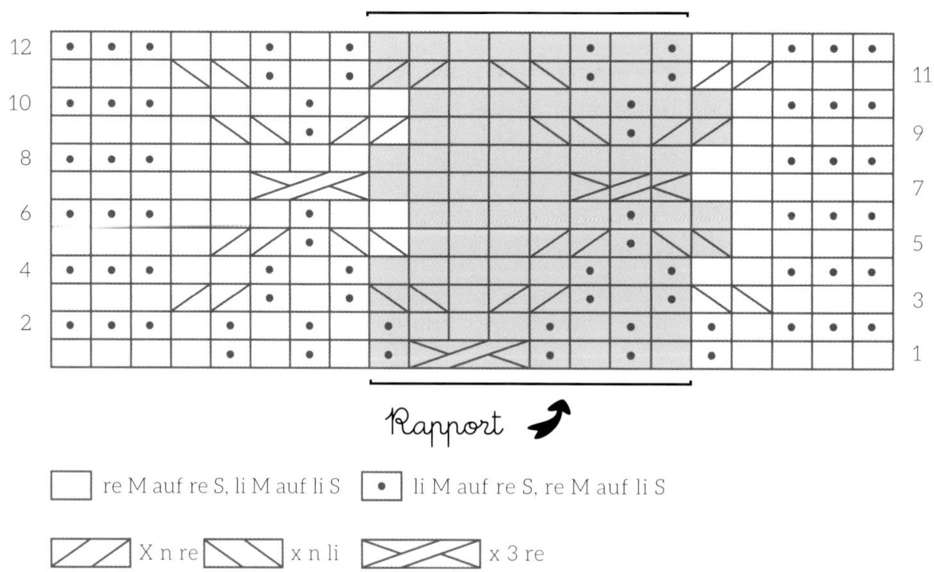

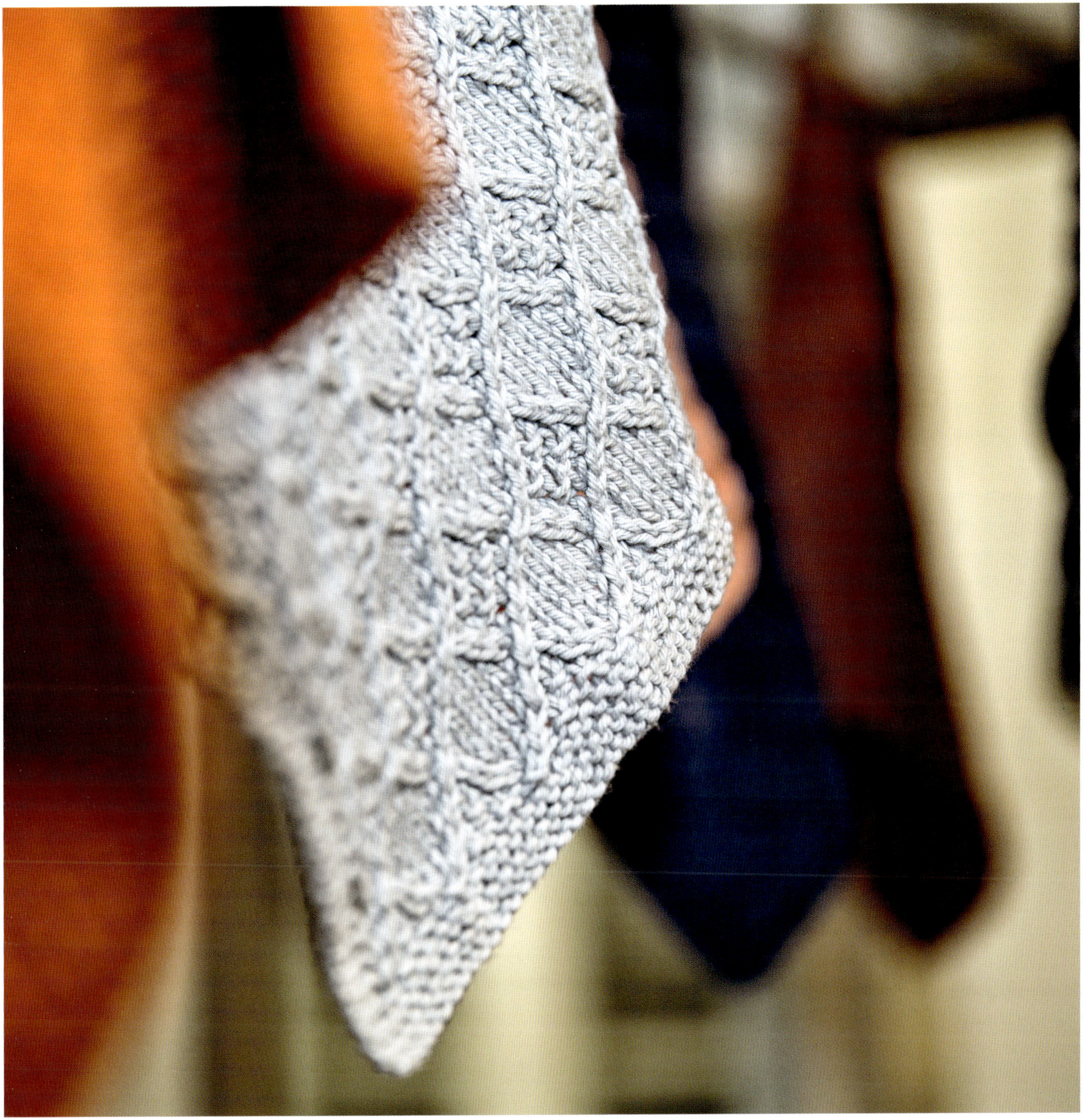

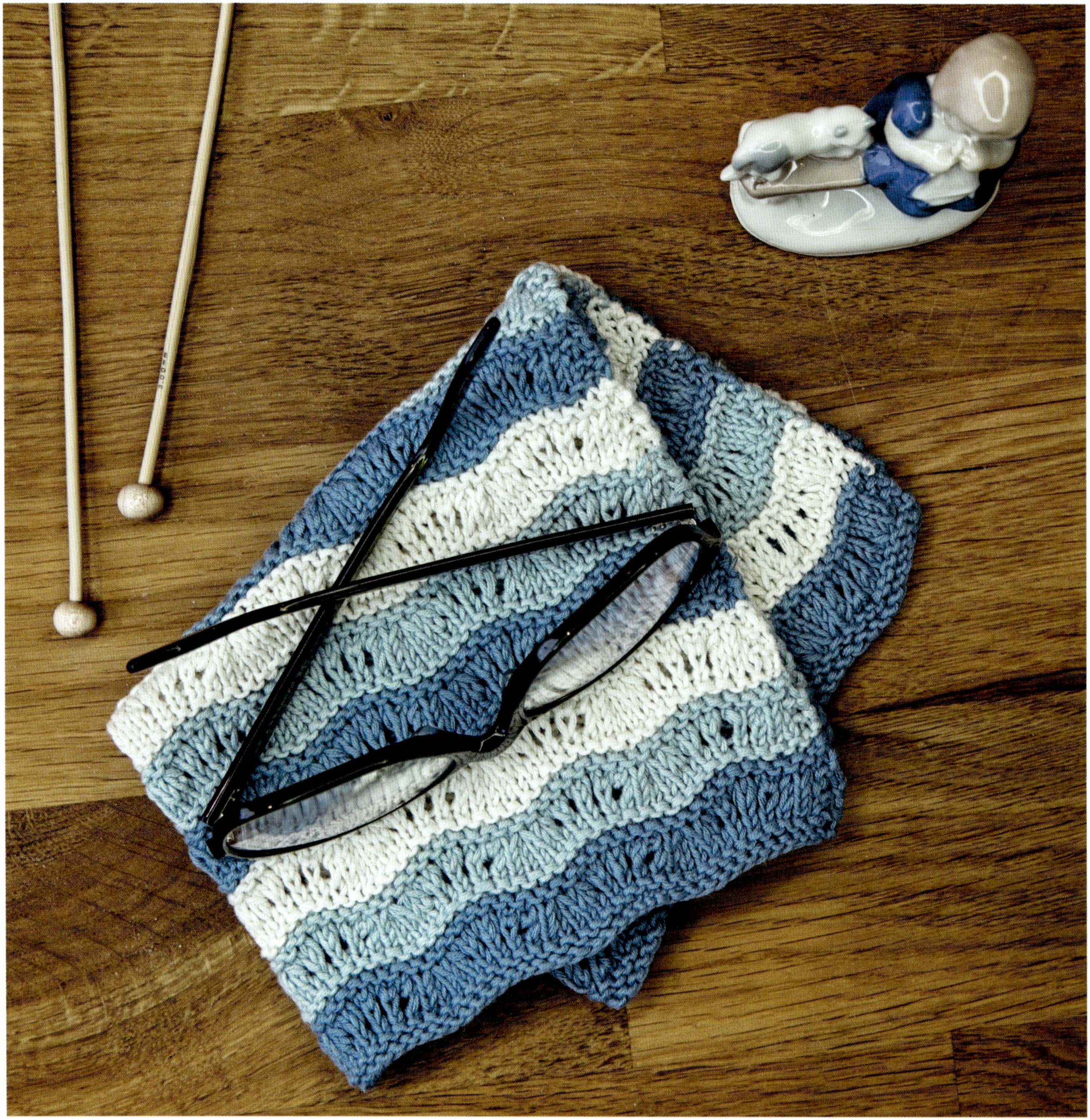

Sanfte Wellen ***

Diese sanften Wellen ändern mit jeder Wiederholung die Farbe. Du kannst auch jedes Mal eine neue Farbe nehmen, das ergibt ein hübsches Regenbogentuch. Einfarbig sind sie genauso schön.

GARN Jeansblau, helles Petrol, Natur
VERBRAUCH ca. 140 m
NADELN 3 mm
GRÖSSE 25 x 25 cm

HANDTUCH 103 M anschlagen
VERBRAUCH ca. 360 m
GRÖSSE 35 x 45 cm

Wenn du einen größeren Lappen willst, gib einfach ein paar Maschen zu (teilbar durch 9)

Achtung:
Dieses Muster arbeitet mit ssk (1 M abheben wie zum Rechtsstricken, noch 1 M so abheben; beide Maschen zurück auf die linke Nadel und rechts verschränkt zusammenstricken). Siehe Anleitung auf Seite 15 und 20.

1. Schlag 76 M mit einer 3-mm-Nadel an.

2. Strickmuster:

   Reihe 1, 2 und 3: alle M re.

   Reihe 4: 2 M re, alle M li, beende mit: 2 M re.

   Reihe 5: 2 M re, *3 M re, [1 Umschl., 1 M re] 3-mal, 1 Umschl., 3 M re; wiederhole ab *, beende mit: 2 M re.

   Reihe 6: wie Reihe 4.

   Reihe 7: 2 M re, * [2 M re zus. str.] 2-mal, 5 M re, [ssk] 2-mal; wiederhole ab *, beende mit: 2 M re.

   Reihe 8: alle M re.

3. Wiederhole die Reihen 1–8, wechsle mit jeder Wiederholung die Farbe, bis der Lappen 24 cm lang ist. Strick nach der letzten Wiederholung noch 2 Reihen kraus rechts, kette ab.
   Vernäh die Fadenenden.

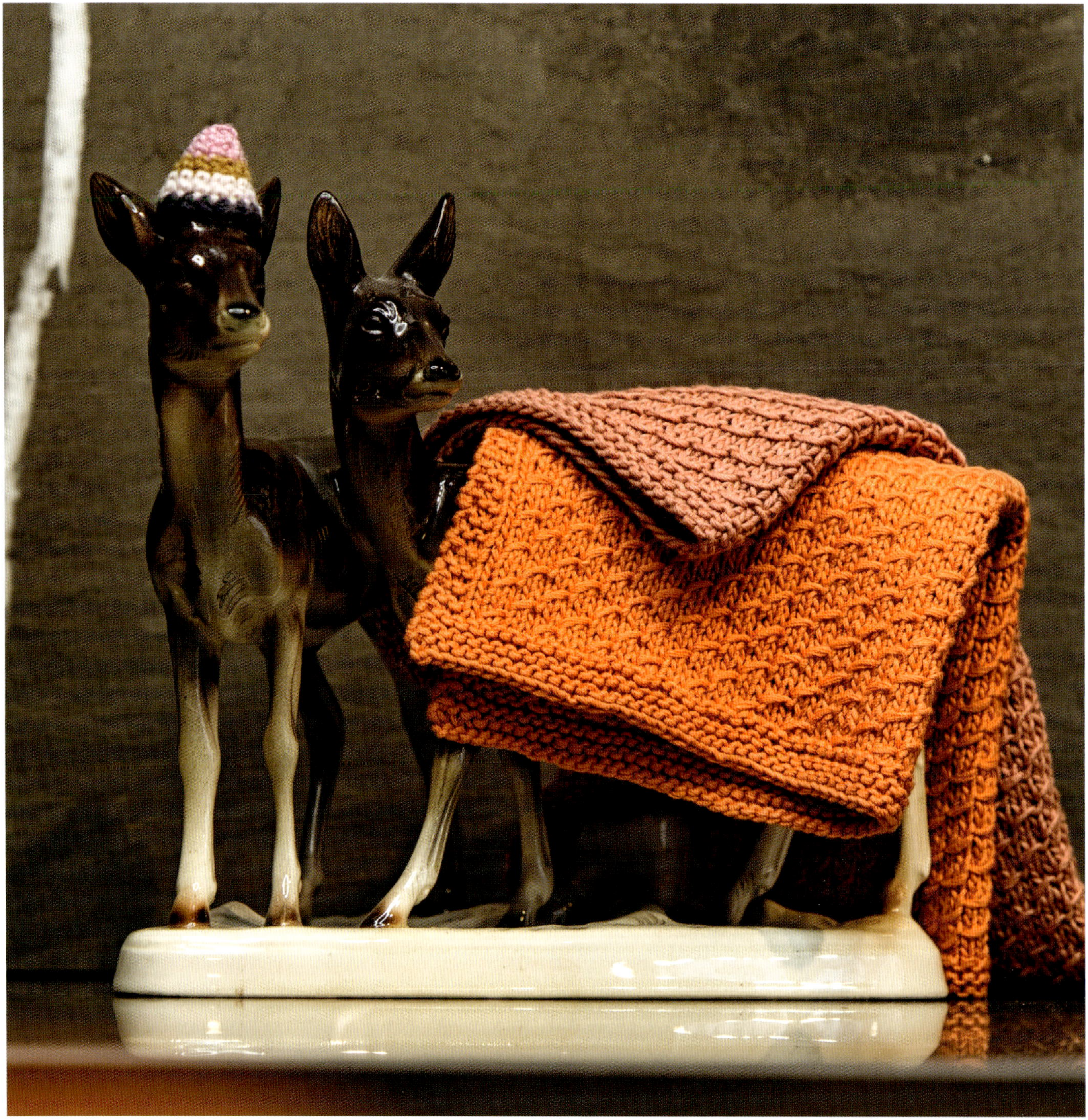

Drachenschuppen ***

Dieses zauberhafte Muster erinnert an Drachenschuppen und sieht schwieriger aus, als es ist.

GARN gebranntes Orange oder Terrakotta
VERBRAUCH ca. 140 m
NADELN 3 mm
GRÖSSE 25 x 25 cm

HANDTUCH 104 M anschlagen
VERBRAUCH ca. 360 m
GRÖSSE 35 x 45 cm

Wenn du einen größeren Lappen willst, gib einfach ein paar Maschen zu (teilbar durch 4).

1. 76 M auf 3-mm-Nadel aufschlagen und 5 Reihen glatt rechts stricken.

2. Strickmuster:

   Reihe 1 und 3 (li S): 3 M re, alle M li, beende mit: 3 M re.

   Reihe 2: 4 M re, *stich die rechte Nadel unter dem Faden zwischen der neu gestrickten und der nächsten M durch, sodass sich auf der Nadel eine Extraschlaufe bildet, strick die nächsten 2 M und hebe die Extraschlaufe über die 2 gestrickten M, 2 M re; wiederhole ab *, beende mit: 4 M re.

   Reihe 4: 6 M re; wiederhole ab * wie Reihe 2, beende mit: 4 M re.

3. Wenn der Lappen 24 cm hoch ist, beende das Muster mit Musterreihe 2 oder 4 (eine Reihe auf der re S), strick 5 Reihen kraus rechts, kette ab.
   Vernäh die Fadenenden.

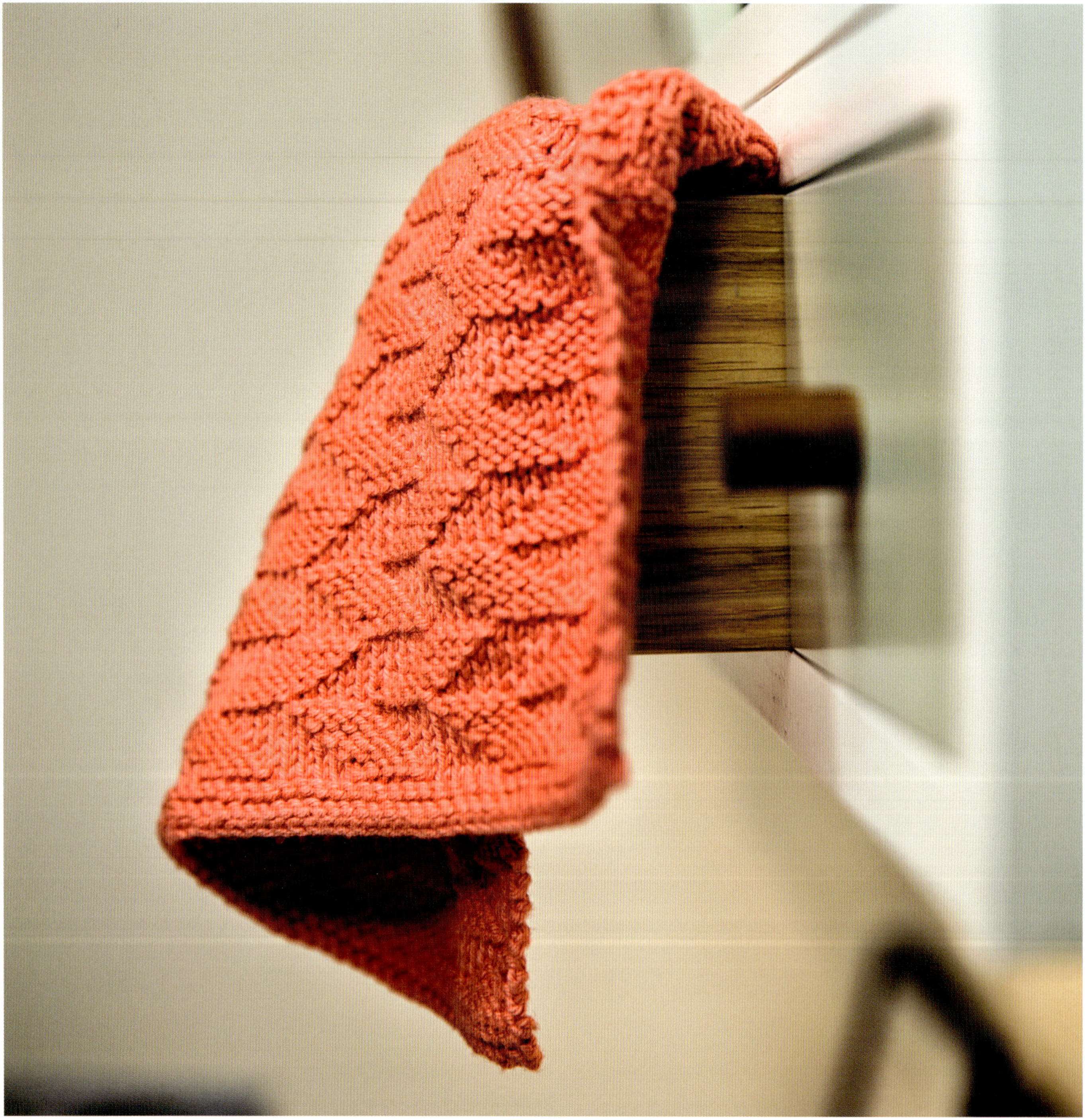

Parallelogramm **

Dieser Lappen hat auf beiden Seiten ein hübsches geometrisches Muster. Du kannst auch nach jedem Muster-Rapport die Farbe wechseln.

GARN Koralle
VERBRAUCH ca. 125 m
NADELN 3 mm
GRÖSSE 25 x 25 cm

HANDTUCH 104 M anschlagen
VERBRAUCH ca. 340 m
GRÖSSE 35 x 45 cm

Wenn du einen größeren Lappen willst, gib einfach ein paar Maschen zu (teilbar durch 10).

1. Schlag 74 M auf 3-mm-Nadel an und strick 4 Reihen glatt rechts.

2. Strickmuster:

   Reihe 1 (li S): 2 M re, *5 M li, 5 M re; wiederhole ab *, beende mit: 2 M re.

   Reihe 2: 3 M re, *5 M li, 5 M re; wiederhole ab *, beende mit: 5 M li, 6 M re.

   Reihe 3: 2 M re, 3 M li, *5 M re, 5 M li; wiederhole ab *; beende mit: 5 M re, 2 M li, 2 M re.

   Reihe 4: 5 M re, *5 M li, 5 M re; wiederhole ab *, beende mit: 5 M li, 4 M re.

   Reihe 5: 2 M re, 1 M li *5 M re, 5 M li; wiederhole ab *, beende mit: 5 M li, 4 M li, 2 M re.

   Reihe 6: 2 M re, 4 M li, *5 M re, 5 M li; wiederhole ab *, beende mit: 5 M re, 1 M li, 2 M re.

   Reihe 7: 4 M re, *5 M li, 5 M re; wiederhole ab *, beende mit: 5 M li, 5 M re.

   Reihe 8: 2 M re, 2 m li, *5 M re, 5 M li: wiederhole ab *, beende mit: 5 M re, 3 M li, 2 M re.

   Reihe 9: 6 M re, *5 M li, 5 M re; wiederhole ab *, beende mit: 5 M li, 3 M re.

   Reihe 10: 2 M re, *5 M re, 5 M l; wiederhole ab *, beende mit: 2 M re.

3. Wiederhole die Reihen 1–10, bis der Lappen 24 cm oder die gewünschte Länge erreicht hat. Strick 4 Reihen kraus rechts und kette die Maschen ab. Vernäh die Fadenenden.

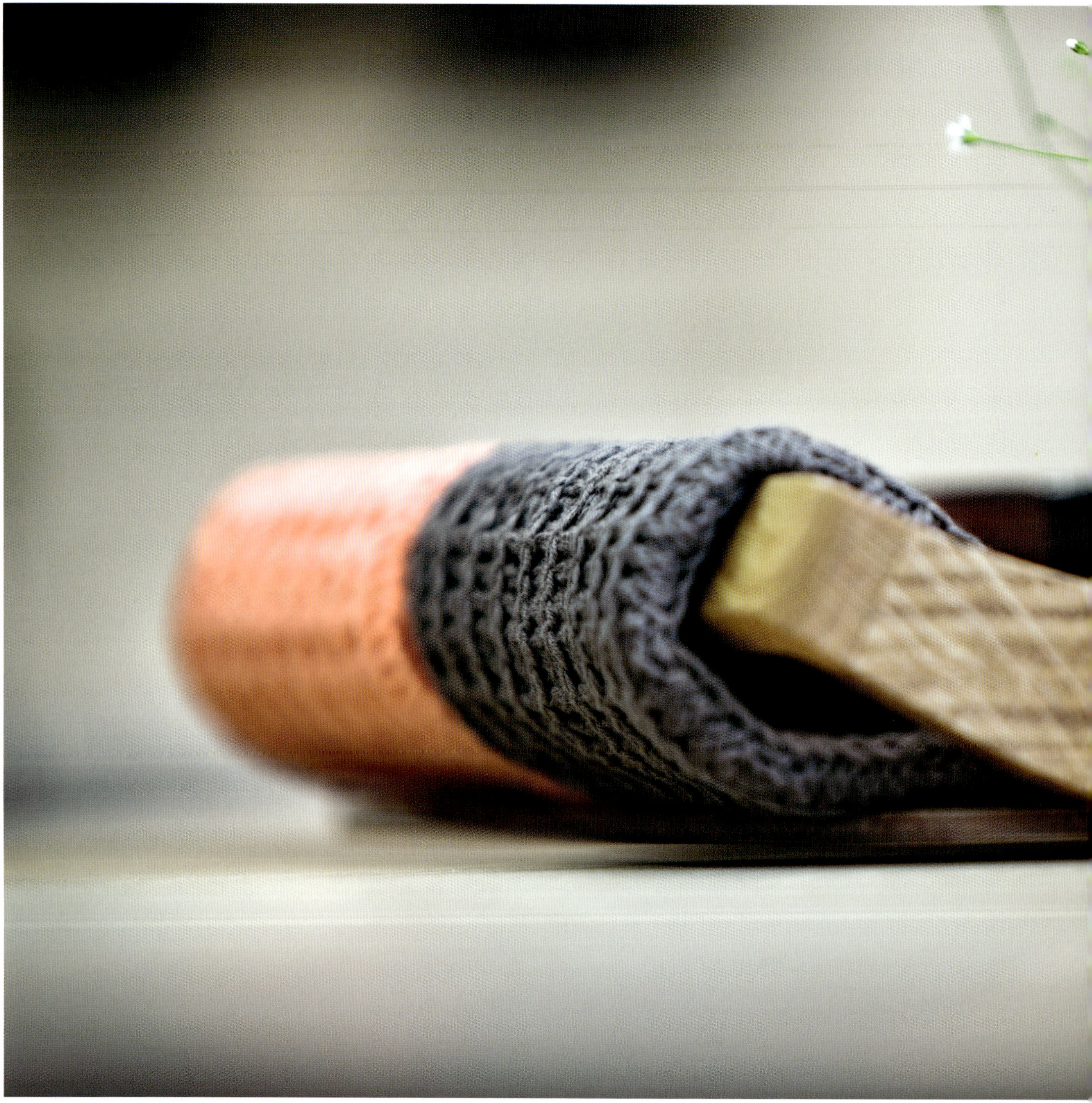

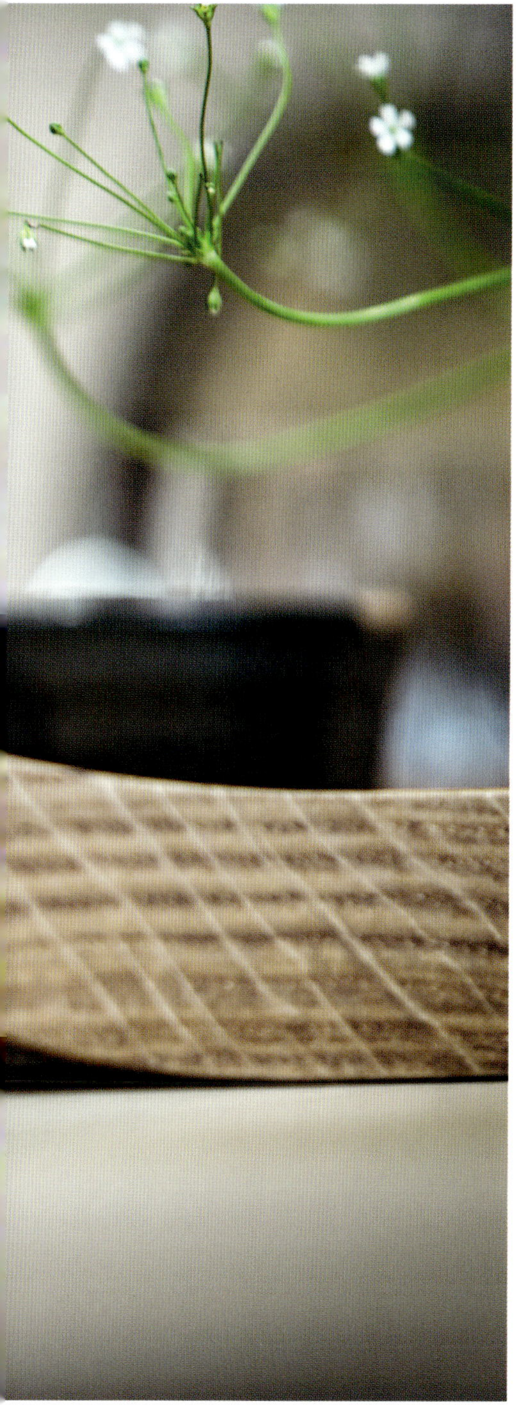

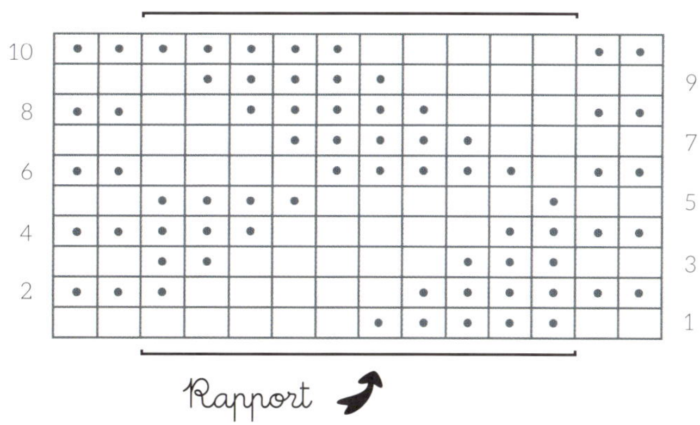

☐ re M auf re S, li M auf li S

⊡ li M auf re S, re M auf li S

Spiegelungen **

Dieser Lappen zeigt auf beiden Seiten ein aufregendes gespiegeltes Muster.

GARN Erika
VERBRAUCH ca. 126 m
NADELN 3 mm
GRÖSSE 25 x 25 cm

HANDTUCH 104 M anschlagen
VERBRAUCH ca. 340 m
GRÖSSE 35 x 45 cm

Wenn du einen größeren Lappen willst, gib einfach ein paar Maschen zu (teilbar durch 8).

1. Schlag 76 M auf 3-mm-Nadel an und strick 4 Reihen glatt rechts.
2. Strickmuster:

Reihe 1: alle M re.

Reihe 2: 2 M re, *4 M re, 4 M li; wiederhole ab *, beende mit: 2 M re.

Reihe 3: 2 M re, 1 M li, *4 M re, 4 M li; wiederhole ab *, beende mit: 4 M re, 3 M li, 2 M re.

Reihe 4: 4 M re, * 4 M li, 4 M re; wiederhole ab *, beende mit: 4 M li, 4 M re.

Reihe 5: 2 M re, 3 M li *4 M re, 4 M li: wiederhole ab *, beende mit: 4 M re, 1 M li, 2 M re.

Reihe 6: 2 M re, *4 M li, 4 M re; wiederhole ab *, beende mit: 2 M re.

Reihe 7: alle M re.

Reihe 8, 9, 10 und 11: 2 M re, *4 M re, 4 M li; wiederhole ab *, beende mit: 2 M re.

Reihe 12: 2 M re, alle M li, beende mit: 2 M re.

Reihe 13: wie Reihe 6.

Reihe 14: 3 M re, *4 M li, 4 M re; wiederhole ab *, beende mit: 4 M li, 5 M re.

Reihe 15: 2 M re, 2 M li, *4 M re, 4 M li; wiederhole ab *, beende mit: 4 M re, 2 M li, 2 M re.

Reihe 16: 5 M re, *4 M li, 4 M re; wiederhole ab *, beende mit: 4 M li, 3 M re.

Reihe 17: wie Reihe 2.

Reihe 18: 2 M re, alle M li, beende mit: 2 M re.

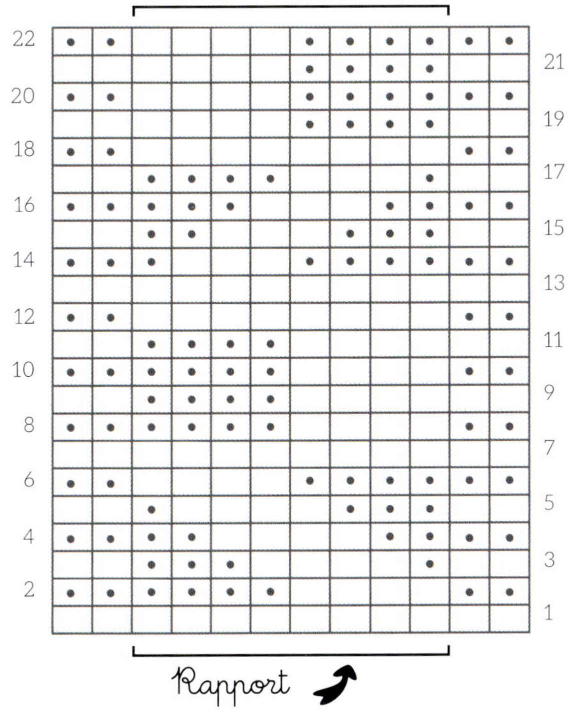

re M auf re S, li M auf li S

• li M auf re S, re M auf li S

Reihe 19, 20, 21 und 22: 2 M re, *4 M li, 4 M re; wiederhole ab *, beende mit: 2 M re.

3. Wiederhole die Reihen 1–22, bis der Lappen 24 cm oder die gewünschte Länge erreicht hat. Strick 4 Reihen kraus rechts und kette ab. Vernäh die Fadenenden.

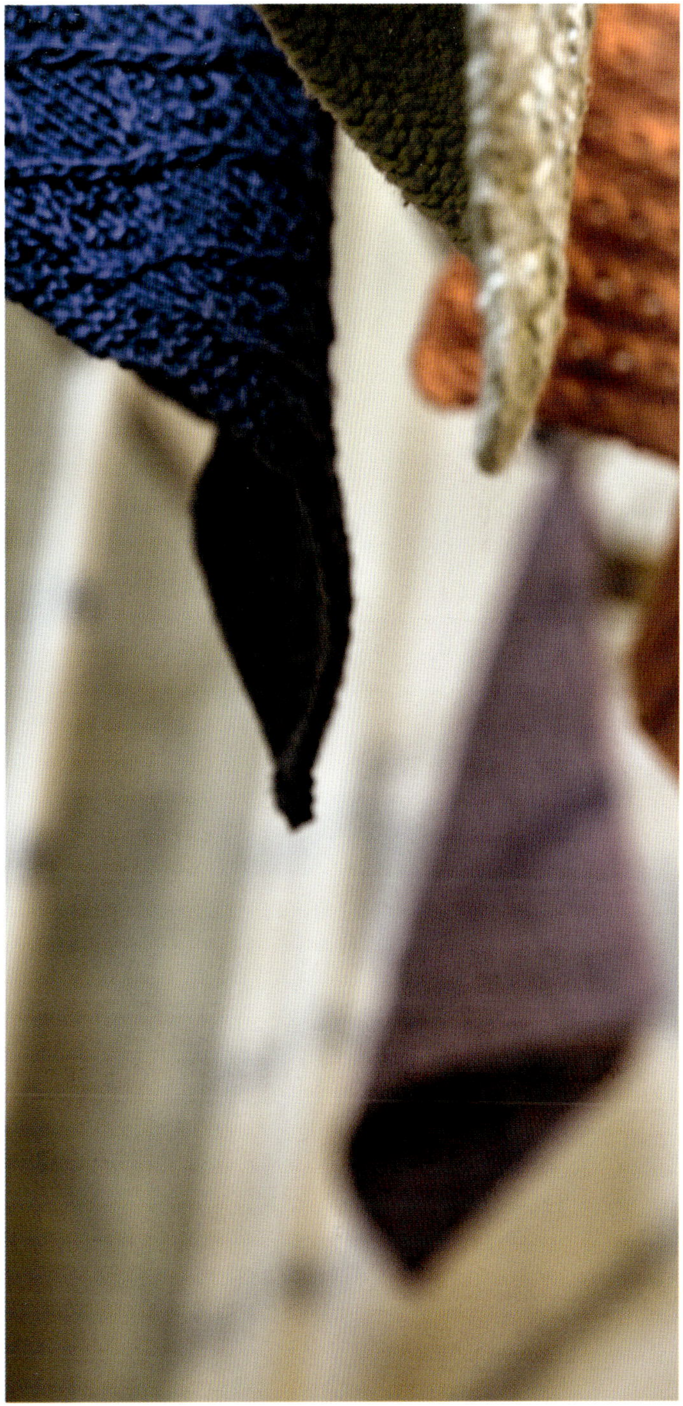

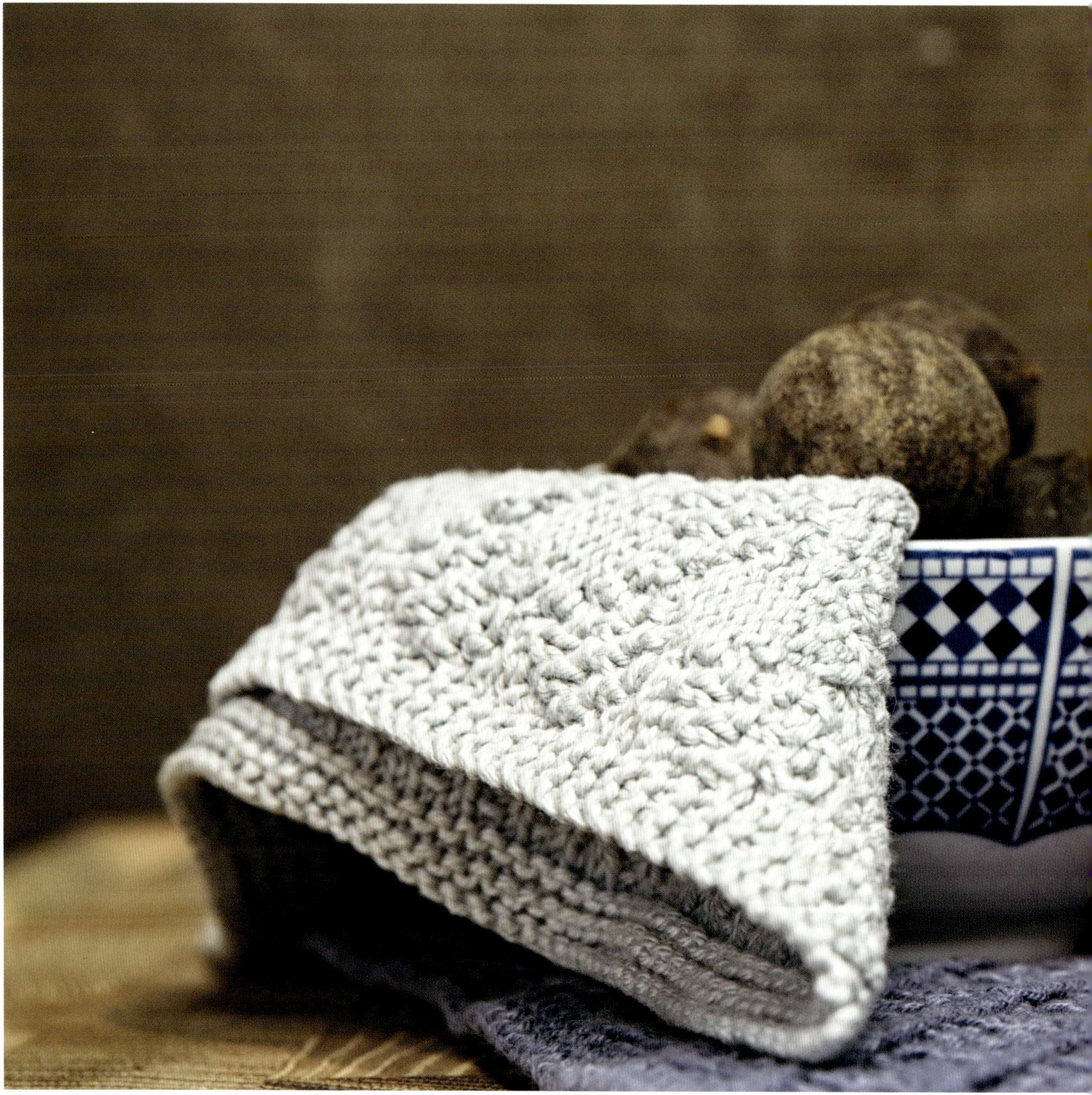

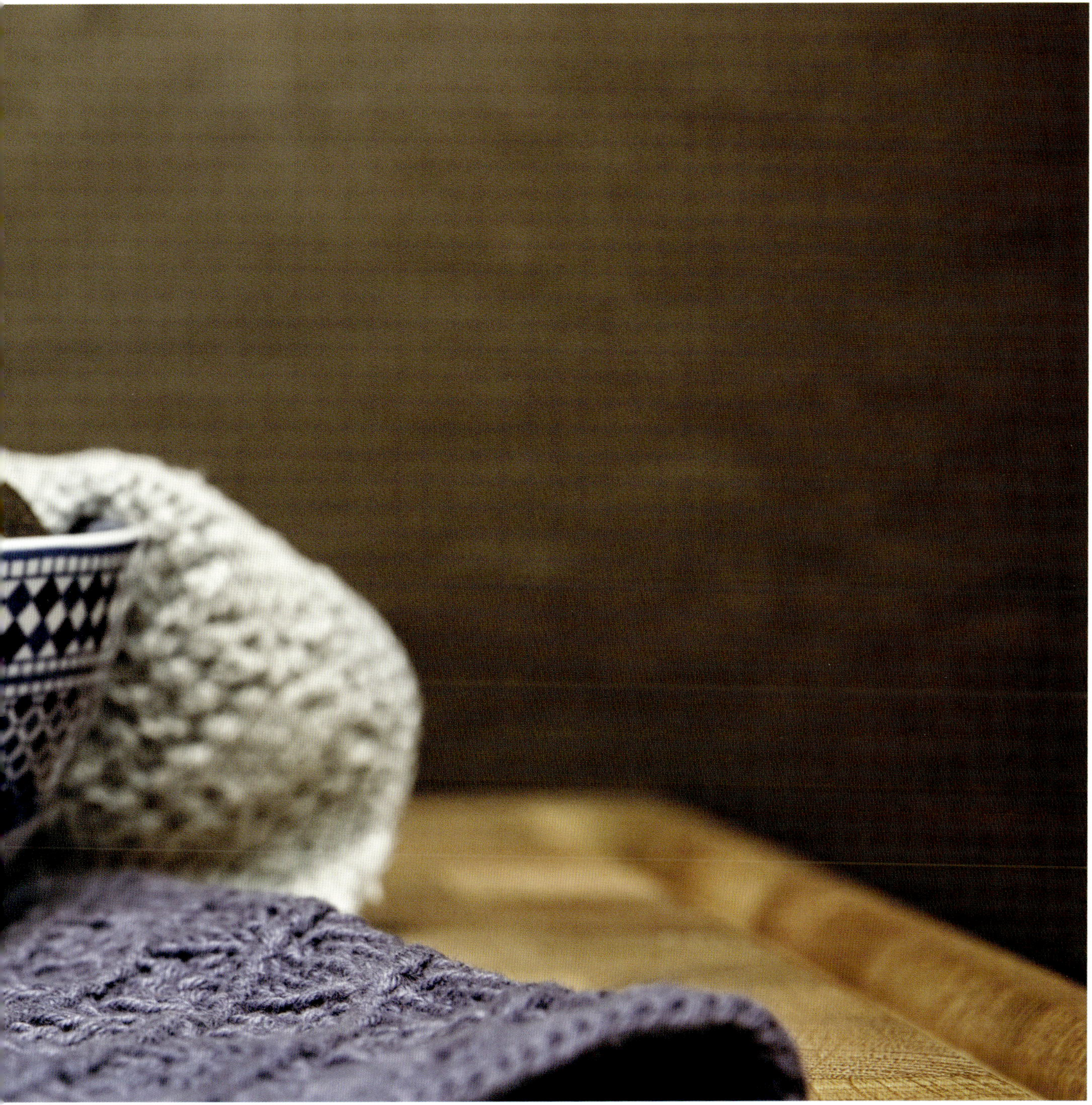

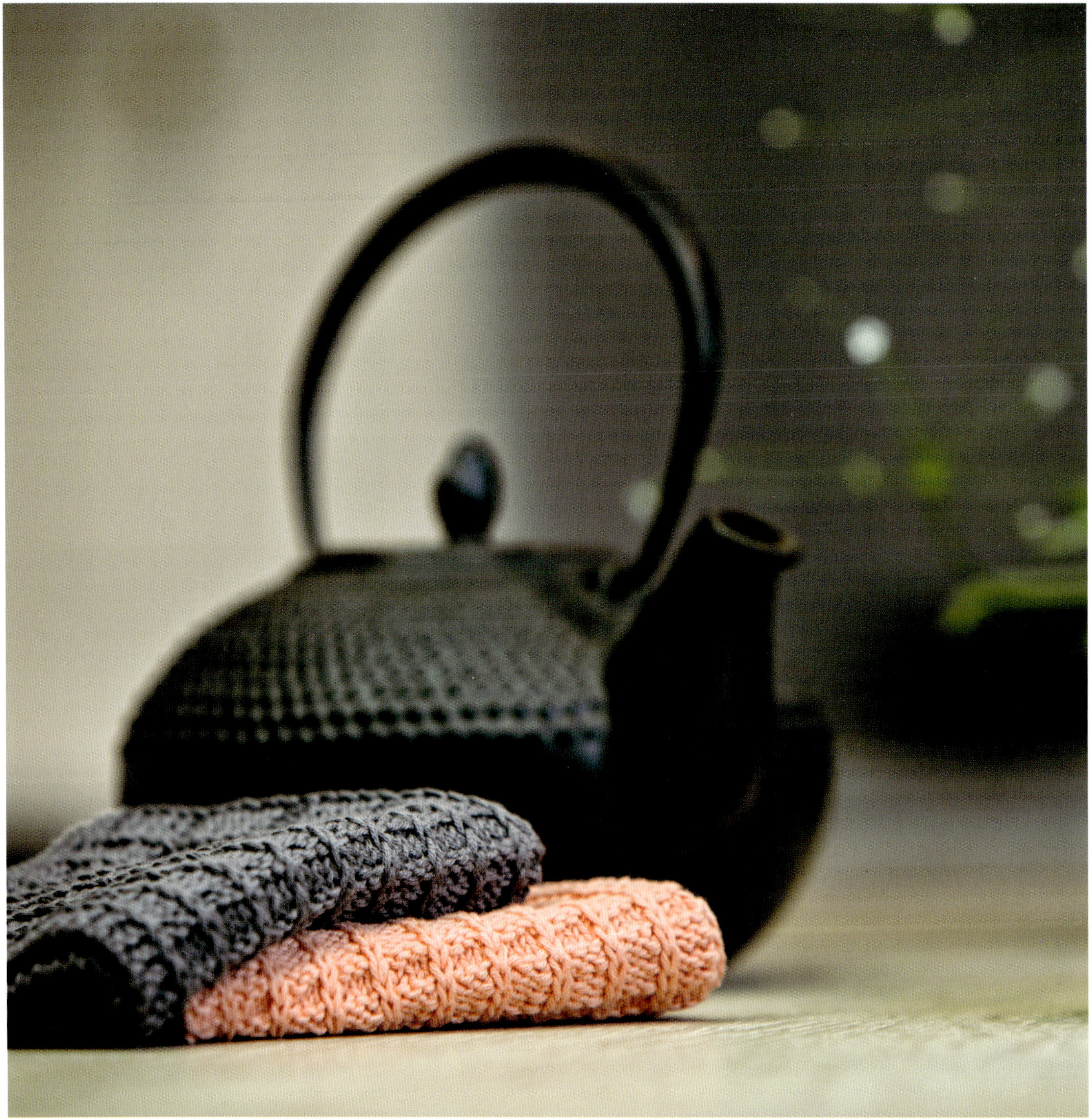

Waffelpiqué ***

Dieser Piqué-Lappen ist einfach perfekt für die Küche und das Stricken macht solchen Spaß!

GARN	Pfirsich oder Dunkelgrau
VERBRAUCH	ca. 140 m
NADELN	3 mm
GRÖSSE	25 x 25 cm

HANDTUCH	103 M anschlagen
VERBRAUCH	ca. 360 m
GRÖSSE	35 x 45 cm

Wenn du einen größeren Lappen willst, gib einfach ein paar Maschen zu (teilbar durch 4).

1. Schlag 75 M auf 3-mm-Nadel an und strick 4 Reihen glatt rechts.

2. Strickmuster:

   Reihe 1 (re S): 3 M re,*1 M abh., 3 M re; wiederhole ab * bis ans Ende der Reihe.

   Reihe 2, 4, 6 und 8: 3 M re, *1 M li, 3 M re; wiederhole ab * bis ans Ende der Reihe.

   Reihe 3, 5 und 7: 3 M re, *1 M abh., 3 M li; wiederhole ab *, beende mit: 1 M abh., 3 M re.

   Reihe 9: wie Reihe 1.

   Reihe 10: 3 M re, alle M li, beende mit: 3 M re.

3. Wiederhole die Reihen 1–10, bis der Lappen 24 cm oder die gewünschte Länge erreicht hat. Strick 4 Reihen kraus rechts und kette die Maschen ab. Vernäh die Fadenenden.

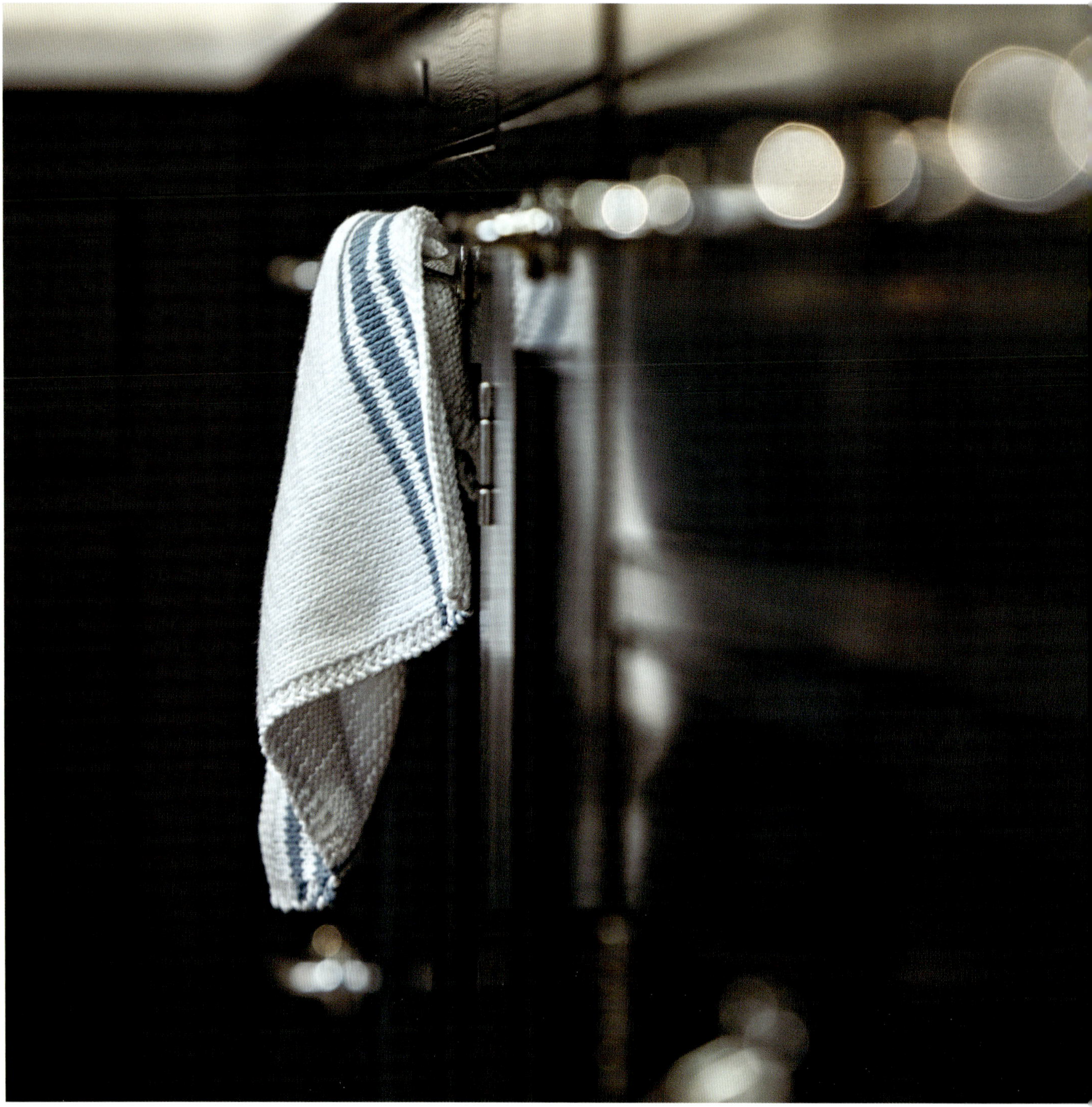

Blaue Streifen *

Dieser Lappen zeigt an den Enden klassische Sari-Streifen. Dafür kannst du ganz nach Belieben Farben kombinieren und Streifen hinzufügen.

GARN	Weiß und Jeansblau
VERBRAUCH	ca. 122 m
NADELN	3 mm
GRÖSSE	25 x 25 cm

HANDTUCH	100 M anschlagen
VERBRAUCH	ca. 360 m
GRÖSSE	35 x 45 cm

Wenn du einen größeren Lappen willst, gib einfach ein paar Maschen zu.

1. Schlag 74 M mit weißem Garn an.

2. Strick 4 Reihen kraus rechts und dann glatt rechts mit jeweils 3 M kraus an beiden Seiten:

   Reihe 1: alle M re.

   Reihe 2: 3 M re, alle M li, beende mit: 3 M re.

3. Die Streifen entstehen wie folgt:

   2 Reihen Weiß
   2 Reihen Blau
   2 Reihen Weiß
   4 Reihen Blau
   2 Reihen Weiß
   2 Reihen Blau

4. Strick jetzt mit Weiß weiter, bis der Lappen ca. 5 cm kürzer ist, als er fertig sein soll. Dann:

   2 Reihen Blau
   2 Reihen Weiß
   4 Reihen Blau
   2 Reihen Weiß
   2 Reihen Blau
   2 Reihen Weiß

5. Jetzt strickst du noch 4 Reihen kraus rechts in Weiß und kettest ab. Vernäh die Fadenenden.